马克思主义简明读本

解读《论粮食税》

丛书主编：韩喜平
本书著者：武沁宇

吉林出版集团股份有限公司
全国百佳图书出版单位

图书在版编目（CIP）数据

解读《论粮食税》/ 武沁宇著. -- 长春：吉林出版集团股份有限公司，2014.4（2024.6重印）
（马克思主义简明读本）
ISBN 978-7-5534-2633-4

Ⅰ. ①解… Ⅱ. ①武… Ⅲ. ①《论粮食税》－列宁著作研究 Ⅳ. ①A821.27

中国版本图书馆CIP数据核字（2013）第174402号

JIEDU LUN LIANGSHI SHUI

解读《论粮食税》

丛书主编　韩喜平
本书著者　武沁宇
责任编辑　石榆淼
装帧设计　李　亮

出　　版　吉林出版集团股份有限公司
发　　行　吉林出版集团社科图书有限公司
地　　址　吉林省长春市南关区福祉大路5788号　邮编：130118
印　　刷　北京一鑫印务有限责任公司
电　　话　0431-81629711（总编办）
抖 音 号　吉林出版集团社科图书有限公司 37009026326

开　　本　710 mm × 1000 mm　1 / 16
印　　张　12
字　　数　100 千
版　　次　2014 年 4 月第 1 版
印　　次　2024 年 6 月第 5 次印刷

书　　号　ISBN 978-7-5534-2633-4
定　　价　36.00 元

序　言

习近平总书记指出，“青年最富有朝气、最富有梦想”“青年兴则国家兴，青年强则国家强”“中国梦是我们的，更是你们青年一代的。中华民族伟大复兴终将在广大青年的接力奋斗中变为现实”。

要提高青年人的理论素养。理论是科学化、系统化、观念化的复杂知识体系，也是认识问题、分析问题、解决问题的思想方法和工作方法。青年正处于世界观、方法论形成的关键时期，特别是在知识爆炸、文化快餐消费盛行的今天，如果能够静下心来学习一点理论知识，对于提高他们分析问题、辨别是非的能力有着很大的帮助。

要提高青年人的政治理论素养。青年是祖国的未来，是社会主义的建设者和接班人。要建立青年人对中国特色社会主义的道路自信、理论自信、制度自信、文化自信，就必须要对他们进行马克思主义理论教育，特别是中国特色社会主义理论体系教育。

要提高青年人的创新能力。创新是推动民族进步和社会发展的不竭动力，培养青年人的创新能力是全社会的重要职责。但创新从来都是继承与发展的统一，它需要知识的积淀，需要理论素养的提升。马克思主义理论是人类社会最为重大的理论创新，系统地学习马克思主义理论有助于青年人创新能力的提升。

要培养青年人的远大志向。“一个民族只有拥有那些关注天空的人，这个民族才有希望。如果一个民族只是关心眼下脚下的事情，这个民族是没有未来的。”马克思主义是关注人类自由与解放的理论，是胸怀世界、关注人类的理论，青年人志存高远，奋发有为，应该学会用马克思主义理论武装自己，胸怀世界，关注人类。

正是基于以上几点考虑，我们编写了这套“马克思主义简明读本”系列丛书，以便更全面地展示马克思主义理论基础知识。希望青年朋友们通过学习，能够切实收到成效。

韩喜平

目　录

引　言

《论粮食税》全名为《论粮食税（新政策的意义及其条件）》，是无产阶级伟大革命导师列宁，于1921年4月21日在世界上第一个社会主义国家成立之后的四年实践经验的基础上，面临当时国内外的一系列危机，从俄国社会经济结构的实际出发，发表的系统论述新经济政策最重要的著作。其不论在马克思主义的发展史上还是在国际共产主义运动史上，都具有极其重大的理论和现实意义。

作为马列主义理论宝库中的一部经典著作，《论粮食税》是列宁对科学社会主义理论的丰富和发展。改革开放以来，我们党科学总结社会主义建设正反两方面的经验，从我国仍然处于并将长期处于社会主义初级阶段的实际出发，确立了社会主义初级阶段的基本经济制度，使社会主义经济从计划走向市场，从封闭半封闭走向开放。学习《论粮食税》，就要进一步坚持解放思想、实事求是，坚持从我国社会主义初级阶段的实际出发，毫不动摇地巩固和发展公有制经济，毫不动摇地鼓励、支持、引导非公有制经济发展，大胆利用一切反映社会化生产规律的经营方式和组织形式，不断解放和发展生产力，巩固社会主义的经济基础。

《论粮食税》发表距今已超过90年，当今中国的国情与当年俄国的情况有很大的不同。但列宁在《论粮食税》文中闪烁出的思想光辉，仍能使现在的读者受益匪浅，对我们今天进一步解放思想、加快改革开放步伐、建设具有中国特色的社会主义，具有深远的指导意义。

第一章 《论粮食税》的问世

第一节 《论粮食税》发表的历史背景

发表于1921年4月21日的《论粮食税》全名为《论粮食税（新政策的意义及其条件）》，是列宁在十月革命俄国布尔什维克党执掌国家政权之后，总结党执政四年的实践经验基础之上，从俄国当时的社会实际出发，系统论述新经济政策的经典著作。其不论在马克思主义的发展史上还是在国际共产主义运动史上，都具有极其深远的理论和现实意义。为了更好地理解《论粮食税》其中蕴含的宝贵财富，我们有必要先来梳理一下《论粮食税》产生的时代背景，将读者带回到列宁当年那个充满革命激情的年代，还原一段真实的历史，为读者全面解读《论粮食税》的前世今生。

1917年11月7日（俄历10月25日）在马克思主义的指导下，列宁领导的布尔什维克取得了十月社会主义革命的伟大胜利，革命推翻了以克伦斯基为领导的资产阶级俄国临时政府，建立了人类历史上第二个无产阶级政权（第一个是巴黎公社无产阶级政权）和由马克思主义政党领导的第一个社会主义国家——俄罗斯苏维埃联邦社会主义共和国即苏维埃俄国。

由于俄国十月革命的胜利，使西方帝国主义和国内地主、资产阶级极端仇视和惊慌，新生的政权在一开始就被帝国主义列强围追堵截，在1918年至1920年期间苏俄都处在西方列强武装干涉和国内战争时期。战争爆发后，国际帝国主义和国内反动势力相勾结，发动武装干涉，妄图将年轻的苏维埃政权扼杀在摇篮里。干涉者切断了苏维埃重要的粮食、原材料来源，造成严重饥荒和工矿企业停产。在这危急关头，为适应当时形势，针对当时情况，列宁认识到干涉者与白卫军的武装活动已融为一体，战争问题、军事事件问题又作为革命的主要根本的问题而出现在舞台上了。严峻的形势要求必须把全国的人力物力动员起来，满足国防的需要。1918年9月2日，全俄中央执行委员会宣布苏维埃共和国成为一个统一的军营，一切军事行动和军事机关均由共和国军事委员会集中领导。根据列宁提议，1918年下半年，联共（布）中央和苏维埃政府为了最大限度地动员当时有限的工业资源和农产品，以打击国内外敌人的进攻，实行了“战时共产主义”经济政策。

“战时共产主义”是苏俄在国内战争中执行的一整套非常措施，该政策是逐步推行的。这种战时体制首先体现于经济生活，也涉及政治生活和文化生活。主要措施包括：1.农产品方面，1919年1月11日，人民委员会发布法令，实行余粮收集制，涉及各种农产品。粮食人民委员部和工会派出征粮队收集农产品时，付给农民一定数量的货币或少量工业品。由于通货膨胀，农民交出的产品几乎是无偿的。2.工业方面，除大工业外，国家对中小工业也宣布实行国有化。工业实行高度集中管理。但到内战末期仍有相当数量的小企业在私人手里。3.商品方面，在交换方面，政府实行最小限度的商品交易和最大限度的国家分配。1918年11月决定取消私人商业，由国营商业和合作社组织供应。随着产品日渐缺乏和物价不断上涨，政府实行凭证供应。根据阶级和年龄的差别，规定不同口粮标准。后来对儿童和全体工人职员免费供应面包和日用品。货币依然存在，但其作用受到极大限制。4.劳动方面，实行普及于一切阶级的成年人劳动义务制，实行“不劳动者不得食”的原则。

关于“战时共产主义”经济政策，我想我们有必要在这里详细谈一谈。有人认为：十月革命后列宁就开始搞“战时共产主义”，即使没有战争环境，也同样会有所谓“战时共产主义”，不同的只是无需加上“战时”二字而已。这种见解是严重脱离历史实际的，歪曲了实行“战时共产主义”的真相。

1918年夏天前，苏维埃政权的经济政策绝对不是“战时共产主义”。早在十月革命前，列宁对过渡时期的阶段就有明确的论述。他认为不经过一个实行社会主义的统计和监督的时期，即使走上共产主义的低级阶段也是不可能的。十月革命后，列宁又指出：“在我们的理论文献中就明确地强调，即使从资本主义社会走上通往共产主义社会的任何一条道路，也必须经历一个实行社会主义的统计和监督的过渡时期，一个漫长而复杂的过渡时期（资本主义愈不发达的社会，所需要的过渡时期就愈长）。”[①]列宁在《四月提纲》中提出的主要经济措施和十月革命后在经济方面的第一个步骤，就是建立工人的监

①《列宁全集》第33卷，人民出版社1985年版，第43页。

督，并且颁布了《工人监督条例》。当时，苏维埃国家为了控制经济命脉，建立社会主义的经济基础，只是逐步地把国家银行、垄断企业、部分大型工矿企业、交通运输、外贸收归国有。到1918年5月31日止，收归国有的企业有512个，只占3000多个注册企业（不包括中小企业）的六分之一。因此，这个时期不仅保留了全部私营中小企业，而且保留了大部分私营大企业。

列宁认为，这段时间苏维埃政权的经济政策基本上是正确的。他列举了在这期间颁布的广告垄断法令和银行法令说明政策的正确性："在1917年颁布的头一批法令中，有一条关于国家对广告实行垄断的法令。这条法令意味着什么呢？它意味着取得国家政权的无产阶级，想尽可能逐步地过渡到新的社会经济关系，不取消私人报刊，而使私人报刊在某种程度上服从国家的领导，把它引上国家资本主义轨道。规定国家对广告实行垄断的法令，是想保留作为一般现象的私营报纸，保留需要私人广告的经济政策，也保留私有制，即保留许多需要刊登广告的私人企业。"[①]银行法令也与此类似，开始只将国家银行收

①《列宁全集》第33卷，人民出版社1985年版，第67页。

归国有，对全部私营银行实行监督，后来私营银行不服从国家监督，才宣布实行国有化。当然，列宁也曾指出，这段时间国有化速度还稍快了点，管理跟不上。

1918年3月，当苏俄摆脱帝国主义战争后，列宁就把注意力转移到了社会主义经济的改造和建设方面。他在《苏维埃政权当前的任务》中，提出了一系列的政策：当前的迫切任务不是剥夺剥夺者，而是组织对俄国的管理；要在经济上进行适当的“退却”或“妥协”，应当马上“停止一下”进攻，要在一切企业中组织统计和监督，要提高劳动生产率，组织竞赛，要重视农民经济；要对资产阶级专家付给高额酬金，采用泰罗制的许多科学的进步的因素，组织托拉斯，“着重指出个人的、单独的、专人的负责制的意义和这一因素在国家管理中的作用，指出国家管理与建立政权的政治任务和军事任务的不同之处。”①列宁还在批判“左派”幼稚性和小资产阶级性时，提出了苏维埃国家存在五种经济成分的著名论断，指出国家资本主义在建设中的重要作用。

由此可见，从十月革命到1918年夏天这段历史，并不是某

①《列宁全集》第33卷，人民出版社1985年版，第42页。

些人所说的准备或推行“战时共产主义”的历史，而是渐进的缓慢过渡的历史。正如列宁后来在回顾时所说：“苏维埃政权的经济政策原打算实行一系列渐进的改变，比较慎重地过渡到新制度。”[①]这种渐进而缓慢地过渡的政策，由于时间短暂，虽然还不完善，但如果不是资产阶级用战争来对抗，不仅不加“战时”二字的“共产主义”政策不可能发生，而且此政策会在实践中更加具体和完善的。

然而，正当苏维埃政权致力于缓慢过渡的时候，国内外反动势力相互勾结起来发动了残酷的战争，苏维埃政权面临着生死存亡的问题。斗争越艰巨，实行慎重过渡的可能性就越小。苏维埃国家被迫放弃了原来的政策，而采用适合战争的经济政策。

列宁再三指出：“‘战时共产主义’是战争和经济破坏迫使我们实行的。”它是“极度贫困、经济破坏和战争迫使我们采用的……”[②]1918年5月末，捷克斯洛伐克军队在西伯利亚叛乱，英法军队早些时候在北方登陆，英军在巴库登陆，德

①《列宁全集》第33卷，人民出版社1985年版，第70页。
②《列宁全集》第4卷，人民出版社1984年版，第516页。

军乘机进入了乌克兰和外高加索，日美军队在远东登陆。在帝国主义的纵容和金钱的支持下，国内地主、资产阶级、富农、白卫军官、哥萨克上层和反动政党头目集合在一起，在首都和全国各地城乡暴乱，分别形成了以高尔察克（在东方）、邓尼金和克拉斯诺夫（在南方）、尤登尼奇（在西北）、弗兰格尔（在西南）、谢苗诺夫（在贝加尔湖）等为头子的几十万反动军队，在各地建立起形形色色的反动政府——“萨马拉政府”“北方政府”“西伯利亚政府”等。反动军队所到之处，攻城略地、烧杀抢劫、破坏经济。敌人从四面八方向苏维埃政权扑来，国家处在敌人的包围圈中。正如列宁所说：“不管我们愿意不愿意，问题这样摆着的：我们处在战争之中，革命的命运取决于这一战争的结局。”①

面对着国内外反动势力所发动的战争，苏维埃国家的经济状况怎样呢？已经遭受四年帝国主义战争破坏的俄国经济，这时“处于空前未有的破产情况”②。工业总产值以战前不变价格计算，1918年只有18.6亿卢布，不到战前的三分之一。农业

①《列宁全集》第28卷，人民出版社1990年版，第13页。
②《列宁全集》第32卷，人民出版社1986年版，第222页。

状况更加惨重，劳动力不足战前的一半，粮食播种面积和产量下降，城市人口的粮食供应严重困难。国家财政收入也锐减，1918年只有9970万卢布，相当于战前的五分之一。这就是苏维埃国家接收过来的残破不堪的国民经济和民穷财尽的烂摊子。当国内战争爆发后，由于敌人很快占领了乌克兰、乌拉尔、西伯利亚、顿巴斯、顿河流域和库班等大片粮食、原料、燃料产地，截断了交通，使首都中央地区与之隔绝，造成停产，粮食和生活用品短缺，通货膨胀，工人流散，人民挨饿。在这样困难的情况下，国家怎样才能承担起支持战争和对居民的起码供应呢？列宁指出："我们必须敢于实行'战时共产主义'，不怕采取非常措施。"[①]这就是实行"战时共产主义"的基本原因和客观因素。

当然，实行"战时共产主义"也有主观认识上的一些因素。这就是：苏维埃政权在群众革命热情浪潮的推动下，胜利地解决了建立政权的政治任务和军事任务，也想直接用这种热情来解决伟大的经济任务，因而头脑显得不冷静和不谨慎；由于缺乏经验，像乃木将军攻击旅顺那样，想用"正面冲击"来

①《列宁全集》第4卷，人民出版社1984年版，第526页。

试探一下能否拿下敌人的要塞（资本主义经济）；领导成员中有模糊的假设的不很确切的直接过渡的思想影响，共产党人流行的害怕商业、货币、市场的偏见以及想把党纲中拟定的共产主义社会中“可以立刻实现的东西先建立起来”[①]。这些认识上的因素也促进了“战时共产主义”政策的实行。

正是由于以上原因，1918年夏天，苏维埃政权为了适应战争的需要，在政治、军事、经济方面采取了一系列非常措施。1918年9月2日宣布苏维埃共和国为统一军营，宣布实行红色恐怖，加强肃反，成立以列宁为首的工农国防委员会，实行普遍义务兵役制和普遍义务劳动制，实行余粮收集制，工业和贸易全部国有化，禁止任何贸易，消灭了商业，按阶级和劳动强度尽可能平均分配粮食和生活必需品，货币作用消失，经济实物化。以上措施，既带有一切为战争的特点，又带有“共产主义”的特点，因而史称“战时共产主义”。

国内外有些人攻击“战时共产主义”是“荒谬绝伦的”“给自己带来毁灭”。考茨基之流攻击它是士兵的“消费共产主义”。我国历史上也有人否定它的历史功绩，说它是农

① 《列宁全集》第4卷，人民出版社1984年版，第617页。

业社会主义的变种，小资产阶级社会主义。

对此，列宁曾多次指出："作为临时措施，特殊政策，在我们当时所处的战争条件下，这种政策基本上是正确的。"这就是说功劳是主要的。他愤怒地斥责攻击这一政策的人时说："当孟什维克、社会革命党、考茨基之流说我们实行'战时共产主义'是一种过错时，他们实际上起了资产阶级走狗的作用。应当说我们实行'战时共产主义'是一种功劳。"[①]

首先，实行"战时共产主义"政策成功地捍卫了苏维埃政权。该政策使苏维埃俄国能在短时期内迅速组织起全国的劳动者、召集到数百万的军队与敌人作战。在当时，红军还处于发展初期，军队人数不多，军事素质严重缺乏。为了巩固政权，苏维埃将全国划为统一的军营，实行普遍义务兵役制，同时加紧征兵，积极开展训练。短短的几个月时间内，红军扩大到50万人，到1918年底已达到100万人，随着战势的不断升级，红军人数最高曾接近500万人。在红军同受帝国主义西方列强支持白卫军和外国干涉者进行殊死斗争的三年残酷内战时期，广大红军战士清楚地认识到自己是在为保卫属于工农大众

①《列宁全集》第4卷，人民出版社1984年版，第17页。

即自身的苏维埃政权而战，为自己免遭地主、资本家再次奴役而战，红军克服了武器装备落后、军队供给严重不足等困难，表现出了不怕困难、不畏牺牲、英勇顽强的大无畏革命英雄主义精神。

然而要取得战争的最终胜利，单单依靠军事上的努力是远远不够的，大后方以后勤生产运输为主的劳动战线的努力也同样不可或缺。“红军所需要的只是男子，而现在需要投入劳动战线的却是国内的全部劳动力，包括男子、妇女，甚至未成年的人。”① 1918年10月，苏维埃俄国实行了普遍义务劳动制，同时在全国主要城市实行劳动手册，把一切有劳动能力的包括剥削阶级分子在内的人，都组织起来进行劳动生产，把剥削阶级分子安排到最需要劳动力的工矿企业为前线生产劳动。列宁对此曾大加赞赏：“在劳动战线也像在流血战线一样，创造出空前的奇迹。”广大后方群众忘我的从事工作，在劳动中表现出了自我牺牲精神和铁的纪律。在反高尔察克斗争中，莫斯科铁路工人还创造出共产主义星期六义务劳动日，自愿加班加点，不计报酬地多干工作。正是前

①《列宁全集》第30卷，人民出版社1987年版，第481页。

方红军的浴血奋战和后方工人的忘我劳动，经过三年激烈的战争，终于战胜了国内外反动势力，保住了工农政权。正如列宁所说："我们可以忍受半饥饿，甚至比半饥饿更坏的生活，但我们无论如何要捍卫住工农政权，尽管有闻所未闻的经济破坏和缺乏流转，我们也要捍卫住工农政权。"[①]这是一个坚定不移、不容抹杀的根本性功劳，不管人们怎样攻击都不能改变这个客观历史事实。

其次，"战时共产主义"政策的实行，有利于把国民经济高度集中起来，置于中央的统一领导之下，使之能够更好地为战争服务。列宁说："我们的军队最需要供应衣服、靴鞋、武器和炮弹。在遭到破坏的国家里，必须作巨大的努力才能满足军队的这种需求。"[②]苏维埃国家用法令把全部工业、贸易、交通运输都实行国有化，在最高国民经济委员会下设立70多个"总局"，直接领导全国各系统4000多个工厂的生产，只有通过这些措施苏维埃俄国才能把举国的人力、物力、财力全部集中起来，合理计划安排组织国防生产和其他生产满足战争需

①《列宁全集》第4卷，人民出版社1984年版，第526页。

②《列宁全集》第4卷，人民出版社1984年版，第27–28页。

要，进而使有限的劳动产品优先满足红军作战的需要。据不完全统计，三年内战期间，“战时共产主义”政策的实行为红军提供了约15亿发子弹，250多万支来福枪，2万多挺机枪，近40万门大炮，800万发炮弹，160万发榴弹炮炮弹。此外大后方还修复了大量的枪支、大炮、装甲车等。1919年至1920年，给红军提供了560万件军大衣，400万件夏季服装，2000万件衬衣，1000多万双军靴。这些宝贵的武器装备与战略资源，为三年内战的最终胜利提供了物质上的保证。

再次，“战时共产主义”政策的实行在一定程度上挽救了工人阶级和其他爱国劳动者。在国内战争期间，“‘饥饿战线’是仅次于军事战线的重要战线”[①]。由于内战的激化，苏维埃俄国经济衰退，财政高度赤字濒临破产，拿不出足够的工业产品或等值货币与农民交换粮食。当时广大人民群众及其贫困，常常忍饥挨饿，挣扎在饥饿线上。为了供应红军的粮食和解决广大城市居民的粮食危机，苏维埃政权被迫采取余粮收集制。这就是“战时共产主义”的主要措施。列宁说：“我们没有其他可能性，而只有立即实行最大限度的垄

①《列宁全集》第31卷，人民出版社1986年版，第158页。

断，直到甚至不给任何报酬地取得全部余粮。”[①]“甚至有时不仅是余粮，而是农民的一部分必需的粮食，我们拿来这些粮食，为的是供给军队和供养工人。其中大部分，我们是借来的，因为付的都是纸币。我们当时不这样就不能在这经济破坏的小农国家内战胜地主和资本家。”[②]余粮收集制开始只是谷物和饲料，后来扩大到主要农副产品。据不完全统计，收集到的谷物和饲料：1918—1919年为10790万普特，1919—1920年为21250万普特，1920—1921年为36700万普特；肉类（活重）1918年为1215百吨，1919年为1713百吨，1920年为8642百吨；马铃薯1919—1920年为4230万普特，1920—1921年为7000万普特；其他还有大量的油脂、奶类、家禽、棉花、羊毛、畜皮、蔬菜等。大量的农副产品通过余粮收集制的实施被强制地收集起来，这对当时俄国极其落后脆弱的农业造成了几近毁灭性的破坏。正如列宁所说：“余粮收集制不是‘理想’，而是一种痛苦的和可悲的需要。”它是工农联盟为维护工农政权的需要，其基础是广大俄国农民朋友从苏

①《列宁全集》第32卷，人民出版社1986年版，第222页。
②《列宁全集》第4卷，人民出版社1984年版，第617页。

维埃政权获得土地，而为了保护其获得的土地以及享受的政治待遇，免遭地主资本家反攻破坏，工人阶级向他们的农民阶级盟友有偿地、大批量地借粮。这亦是战争期间农民能忍受余粮收集制的最主要的原因。

国家在收集到大量物资和农副产品后，除大部分保证供应红军之外，剩余部分全部由粮食人民委员部和消费公社集中统一分配，按劳动者在生产中的劳动强度和生理需要，尽可能相对平均地分配给城市劳动者，尽管这些食物远远不能满足需求，但至少使他们免于被饿死。这也是余粮收集制最主要的积极因素。面对考茨基之流攻击“战时共产主义”是“完全忽视经济条件”、“崇拜暴力”、分光吃光的士兵的“消费共产主义”之时，列宁反击道：“在一个国家被战争弄得民穷财尽而濒于灭亡的时候，首要的、基本的、根本的‘经济条件’，是拯救工人。只有工人阶级得救，不致饿死，不致毁灭，被破产的生产才能恢复”。“‘消费共产主义’是拯救工人的条件。为了拯救工人，要不惜任何牺牲！”[①]离开当时具体历史条件，指责不拿工业品与农民搞等

①《列宁全集》第2卷，人民出版社1984年版，第360–361页。

价交换，指责搞平均主义分配，这是不可取的“绝顶聪明”的妙论。

总之，正如列宁所说，在当时所处的战争条件下，这种政策基本上是正确的，必须明确的是：“战时共产主义”是在残酷的战争环境和物资极度缺乏的特殊条件下被迫采取的带有军事性的非常措施。其历史功劳是基本的或主要的。尽管它是很严厉的，要求全国人民作出的个人牺牲是如此巨大的，但是，它使苏维埃俄国能够最大限度地集中了全国的人力、物力和财力，从而保障了军事上的胜利，为粉碎协约国的武装进攻、为捍卫十月革命的胜利成果、为保卫新生的苏维埃政权创造了必要的物质前提。与此同时，为了同国内外反动势力作殊死斗争，为拯救国家、拯救人民、拯救社会主义革命、保卫工农政权，数千万人民不惜倾家荡产，不惜抛妻弃子和牺牲个人生命，忠诚而勇敢地为之奋斗，在前方后方都创造出了无数可歌可泣的英雄故事，这些都极大地激励了后人。最终这些措施及手段有力地保证了三年国内战争的胜利，避免了布尔什维克政权的崩溃。

第二节 《论粮食税》的创作历程

一、《论粮食税》的作者——列宁

列宁（1870—1924）原名为弗拉基米尔·伊里奇·列宁，是全世界无产阶级的革命导师和领袖，无产阶级革命家、政治家、思想家、马克思主义理论家，布尔什维克党创立者、苏联缔造者。1870年4月22日他出生于俄国伏尔加河边的辛比尔斯克。原姓乌里扬诺夫，列宁是他后来用得最多的笔名，也是全世界最熟悉的名字之一。列宁的父亲是一位具有民主主义思想的教育活动家，哥哥亚历山大因密谋刺杀沙皇而被处死。1887年，列宁在弗拉基米尔中学毕业后，进喀山大学法律系学习。在喀山大学，列宁结识了一批有革命思想的学生。不久，他就因参加学生运动而被学校开除，并遭到逮捕和流放。

1888年，列宁从流放地回到喀山，当局不准他回大学。于是他开始研究马克思主义理论，认真研读《资本论》等著作，并参加了马克思主义小组。1889年，列宁移居萨马拉，埋头读了四年半的书并学了几门外语，之后列宁开始筹建马克思主义小组，并将《共产党宣言》译成了俄文，还写下了第一本著作《农民生活中新的经济变动》。这时的列宁已由一个革命民主主义者转变为一个共产主义者。

1895年，列宁把彼得堡的20个马克思主义小组联合起来，创立了工人阶级解放斗争协会，在俄国第一次实现了社会主义和工人运动的结合。在协会领导下，彼得堡工人掀起了罢工高潮。同年年底，列宁再次被捕。在流放西伯利亚的三年期间，他开始使用“列宁”这个笔名，创作了《俄国资本主义的发展》等著作，并与其终身伴侣克鲁普斯卡娅结婚。1900年初，流放期满，同年7月列宁远赴西欧，并在德国创办了俄国社会民主工党的第一份机关报《火星报》。

俄国1905年的资产阶级民主革命爆发后，列宁领导布尔什维克党制定了马克思主义的路线。7月，他写了《社会民主党在民主革命中的两种策略》，清算了孟什维克的机会主义路线，指出这次革命是资产阶级民主革命，任务是推翻沙皇专制主义，建立民主共和国。无产阶级必须与农民结成联盟，领导这场革命。11月，列宁回到国内，直接领导斗争。

1905年革命失败后，列宁于1907年再次被迫出国流亡。在此期间，他写了《唯物主义和经验批判主义》《马克思主义和修正主义》等一系列著作，使马克思主义得到了全面的发展。1912年，俄国社会民主工党在布拉格召开第六次代表会议，在列宁的领导下，大会把孟什维克清除出党，使布尔什维克正式成为一个独立的政党。

1917年，俄国二月革命推翻了沙皇政权。此后，俄国出现了苏维埃和资产阶级临时政府两个政权并存的局面。在这种错综复杂的历史紧要关头，4月3日，列宁从瑞士回到彼得格勒。第二天，列宁提出了著名的《四月提纲》。在《四月提纲》中指出："推翻沙皇专制制度，标志着资产阶级民主革命的完成。现在进入革命的第二阶段，即社会主义革命阶段。它的任务是推翻资产阶级临时政府，建立苏维埃共和国。"列宁的思想使千千万万工人、士兵提高了觉悟，但临时政府把他视为眼中钉。7月，在临时政府的迫害下，列宁被迫转入地下。他密切注视着形势的发展，并于八九月间写成了《国家与革命》。9月间，列宁制订了武装起义计划。最终在列宁的领导下，俄国人民终于取得了十月社会主义革命（史称"十月革命"）的胜利。

十月革命后，刚刚诞生的苏维埃政权还十分弱小，面对当时俄国的一系列内忧外患，列宁展现出一位领袖的无与伦比的智慧，以及远超常人的胆识和勇气，带领俄国人民战胜了一个又一个的敌人，克服了一个又一个的困难。1918年3月，苏维埃政权和德国缔结了《布列斯特和约》，为新生的无产阶级政权赢得了喘息的时间。1918年至1920年间，列宁领导俄国人民粉碎了14个帝国主义国家的联合武装干涉和国内多起大规模的反革命叛乱。1921年初，随着苏共（布）十大的召开，《论粮食税》的发表，列宁提出并实施了新经济政策。至此苏俄的经济得以快速恢复，经济建设逐步走上了正轨。

正当列宁领导俄国人民开始全力投入进行社会主义革命和社会主义建设的伟大实践之时，由于长期高强度的工作和1918年列宁遭暗杀之后的后遗症，列宁的身体健康状况在不断地恶化。但他仍在没日没夜地忘我工作，在病中仍口授了《论合作制》等文章和信件。1923年，列宁病情开始恶化，并停止了一切政治活动。同年11月20日，列宁在莫斯科苏维埃会上说：“社会主义现在已经不是一个遥远的将来，或什么抽象的幻影，……我们把社会主义拖进日常生活中了，……新经济政策的俄国将变成社会主义的俄国。”这是他最后一次公开演说。1924年1月21日，列宁因脑出血，不幸与世长辞，终年54岁。

二、《论粮食税》的创作过程

苏维埃俄国经过近三年浴血奋战，到1920年下半年，苏维埃俄国反对外国干涉和国内叛乱的国内战争已经快要取得最终的胜利。当务之急，摆在国家面前，最主要的任务就是处理战后事宜，恢复生产，发展国民经济，稳定社会秩序。这样，国家再次面临着向社会主义过渡的问题。如何过渡，对当时包括列宁在内的俄共（布）领导人来说，这是一个需要思考的全新问题，过渡的具体形式和方法尚需探索，但内战的胜利使得列宁认为苏维埃政权不仅有能力在军事上战胜资产阶级，而且也有力量在军事上战胜资产阶级，因此更加倾向于直接过渡，即继续实施战时共产主义政策，把原来被迫实施的战时共产主义变为直接向共产主义过渡的桥梁和捷径。1920年，列宁反复指出，在当时广大人民群众处于饥寒交迫，经济极端困难的特殊情况下，必须实行“特殊的过渡”，把军事上胜利的经验运用到经济上来，用军事办法解决经济问题。因此，他把战时共产主义政策中的余粮收集制和建立劳动军等办法，看成是当时保证“进行大规模的经济建设”的一条“正确”的道路。

伴随着战争的最终胜利，在战时共产主义政策实施力度不断增强的同时，其弊端也逐渐地显露出来。余粮收集制虽然在一定程度上缓解了当时的粮食危机，但在实际执行中有些过激，往往把农民的全部余粮甚至一部分口粮、种子及其他农副产品都强行征收。虽然国家会有一些货币补偿，但收购价格实在过低，而且所支付货币也在不断贬值之中。因而农民瞒产抗交、赶走征粮队和农民暴动事件时有发生。1921年初，出现了粮食与燃料危机，农民大量地隐瞒种植面积与产量，以农民为核心的暴动此起彼伏。在坦波夫省、伏尔加河流域、乌克兰和西伯利亚等地出现了自发的暴动，参加暴动的不仅有富农，还有相当数量的中农。即使没有发生暴动的中部各省、俄国北部和白俄罗斯等地区，农民的不满情绪也在不断地积蓄。农民给各级苏维埃政权和粮食机关写了大量的申诉信和请求书，有的还直接写信给列宁。仅在1920年9—12月间，就有400份像这种类似的信递交给全俄中央执行委员会。其中有一封由《贫农报》转给列宁的信，信中提到："苏维埃政权比沙皇政权还坏"。[1]1920年9月12日，奥洛涅茨省的一个地方的农民联合起来，派代表到莫斯科与中央政府进行谈判，在递交的委托书中这样写着："与穷凶极恶的资产阶级强盗的战争已经持续三年了，这就需要国家付出越来越多的牺牲，作出极大的努力并忍受极度的困苦，而这一切都给我们带来新的沉重负担:一会儿动员马匹，一会儿动员耕牛，各种各样的劳役，征收余粮，等等。虽然我们十分清楚要想赢得战争的最后胜利需要我们的帮助，并且我们也十分愿意帮助国家，但国家向我们提出要求却是无法完成的。"一位基层的红军战士在写给中央的信中提到，农民的情绪就快要达到不可控制的程度了，如果我们还不能很快处理好，消除这种不满，那么基层爆发暴动几乎是不可避免的，这将不是富农的暴动，而是劳动群众对正义的胜利失去信心的暴动。农民的请求和申诉甚至得到了村和乡的党的基层组织部分支持。1920年底，在一次非党农民会议上，彼得格勒省的农民说："我们那里发生过把手枪对着人家太阳穴，强行收取行为，人们都很气愤。"吉尔吉斯的农民说："粮食被

①《回忆列宁》第4卷，人民出版社1982年版，第343页。

收集得像扫帚扫过一样干净，一点也没剩。”[1] 原喀山省的农民说：“余粮收得太多。请给我们定个标准，要不，春播的种子都会被我们吃光。”

而此时，列宁已经嗅到了危险的来临，在1920年末，他一直在调查研究，试图对经济政策进行合理的调整。他十分重视农民的来信和建议，认为这是反映农民情绪的“晴雨表”，是在政府工作报告中永远读不到的“文件”。通过这些农民的来信和申诉，列宁可以全方位地了解到农民的心声、愿望和想法。1921年春，列宁百忙之中会见了大批来访的工人、农民和士兵。大家一致要求取消余粮收集制，向列宁哭诉粮食、种子、家畜几近全被征收后的艰难生活。列宁听后饱含深情地说：“我知道，当农民的一切都被拿走，而给他们的东西又是那么少时，他们的生活何等艰难。我了解农民的生活，我热爱他们，我尊敬他们。我请求农民稍微忍耐一下，我请求他们清醒过来并帮助自己的政权。”然而苏维埃政权毕竟年幼，党内只有很少的一部分人看到了问题的本质，意识到其严重性。在全俄苏维埃第八次代表大会的召开前夕，粮食人民委员部和农

①《列宁文稿》第3卷，人民出版社1978年版，第387–389页。

业人民委员部就已经开始认真准备（关于巩固和发展农业的措施）法案。但是，就如何发展农民经济的道路等问题，出现了严重分歧。其分歧是：一种观点认为应该由国家来宏观地调控农业生产；另一种观点则认为农业生产无需国家管理，只需依靠经济刺激。时任副粮食人民委员的恩·奥新斯基是第一种观点坚定的支持者，为了论证其观点的正确性，他在《真理报》《经济生活报》等报刊上先后发表了《农业危机和农村的社会主义建设》等文章，文章指出对农业生产进行国家调整是摆脱严重的农业危机的唯一出路。他认为对农民必须制订要求他们必须遵守的播种计划，并为此成立了播种委员会。在国家计划委员会主席团委员斯特卢米林的支持下，尼·波格丹诺夫则认为应该坚持第二种观点。针对第一种观点，波格丹诺夫也在《经济生活报》上发表文章进行反驳，他认为在个体小农经济的条件下，国家不可能做到对农村的生产过程的直接控制。列宁在反复征求了党内和工农群众对“战时共产主义”政策的意见之后，在对当时国家的政治经济的实际情况的综合分析后，大胆地指出了废除过去“战时共产主义”政策的迫切性，以及实行政策转变的必要性和可能性。1920年12月22日，全俄苏维埃第八次代表大会召开。会上列宁再次重申，改善小农经济是我们唯一的出路。

1921年2月8日，在列宁的推动下，俄共（布）中央政治局做出决议，决定由列宁带头起草中央关于用农业税代替余粮收集制的相关文件。同期，列宁写下了《农民问题提纲初稿》，提出了一些有益的设想和建设性意见：1.对农民中的非党农户想用粮食税代替余粮收集制的心愿予以满足。2.大幅调低粮食税额，粮食税额必须低于余粮收集制所征收的数额。3.同意使税额与农民积极性相适应的原则。4.在农民缴足粮食税额之后，农民若还有余粮可以在地方经济流转中有更大的自由，即在一定程度上可以交换流通。这样，就迈出了经济政策调整的关键一步。

在农民阶级出现问题的同时，工人阶级的状况也不容乐观，大量工厂破产或者不能快速恢复生产，大批工人下岗失业，为了抵抗饥饿，生存下去，不得不另讨生活，其阶级性和骨干性开始逐渐丧失。在国家危难之际，苏维埃政权的敌人和反对者都一一跳了出来，立宪民主党人、孟什维克、社会革命党人、白卫分子、无政府主义者、资产阶级民族主义者，这些反对派与敌人口号虽各不相同，但都在想尽一切办法煽动起工农群众的不满情绪，利用其来破坏苏维埃政权。在他们的鼓动和谎言下，各地抢劫国营农场，破坏车站、桥梁，残酷杀害共产党员和贫苦农民，发动叛乱的事件时有发生。

1921年2月28日，在敌人的挑拨离间下，曾经是“十月革命”的中坚力量的俄国波罗的海海军要塞喀琅施塔得水兵发动叛乱，组织者是社会革命党人、孟什维克、无政府主义者和白卫分子，并得到国际帝国主义的支持。他们利用苏俄内战期间由农村补充来的新水兵对余粮收集制的不满情绪，在喀琅施塔得煽起叛乱。叛乱者占据了海军要塞以及两艘主力舰和几百门大炮，并夺取了大批枪炮弹药，逮捕当地布尔什维克党的干部。提出建立“自由”“贸易自由”“解放”“没有布尔什维克参加的苏维埃”[①]的口号，企图在苏维埃的掩盖下，恢复地主、资产阶级政权。成立所谓“临时革命委员会”，俄共（布）中央和苏维埃政府为平息叛乱采取了紧急措施。1921年3月2日宣布彼得格勒特别戒严（当时正爆发彼得格勒工人罢工）。5日重组第7集团军，由米·尼·图哈切夫斯基任司令

①《列宁全集》第41卷，人民出版社1986年版，第225页。

员，负责镇压叛乱。与此同时，经济危机已经严重威胁到了新生的苏维埃政权，当时正值俄共（布）第十次代表大会召开之际，大会不得不休会，在劝说无效的情况下，俄共（布）中央派遣正在出席俄共（布）十大的300名有军事经验的代表在图哈切夫斯基、伏罗希洛夫的带领下，3万红军用武力才使暴乱得以平息。喀琅施塔得叛乱表明，农民、士兵、工人对战时共产主义政策的不满情绪已发展到十分危险的边缘，若不注意，极易为别有用心的人利用，甚至威胁新生苏维埃政权的生存。事件引起了列宁和俄共（布）中央的高度重视。严酷的形势进一步坚定了列宁实施新经济政策的决心。列宁坦承："现实生活说明我们犯了错误"，在一个小农国家中直接用无产阶级的法令，按共产主义原则来调整国家的生产和分配行不通，必须另辟新路。

在理论与现实的巨大反差面前，到底作何抉择？俄共（布）党内思想并没有很快取得一致。

正当俄共（布）中央开始意识到危机准备有计划地化解危急的时刻，正当俄共（布）中央准备将直接过渡"共产主义"改为用相对迂回的办法，来逐步建设社会主义经济的转折时刻，托洛茨基却不顾大局，竟挑起了关于工会问题的争论，这样列宁不得不放下手头正在不断酝酿的新经济政策，被迫花费大量时间来纠正托洛茨基等人人为制造出的麻烦。

1920年末，托洛茨基在全俄工会第五次代表大会上公开发出“把螺丝钉得紧”“整刷工会”的口号。他认为无需向工人群众采用说服的办法，希望采取军事命令指导工会工作，主张工会国家化，对工会机关选举制和工会内部扩大民主也持反对意见，甚至对于列宁设想用迂回办法建设社会主义经济也大加反对。会上大多数人都没有表态，大家既没有赞同也没有反对。之后又召开了两次列宁认为“不幸的中央全会”，其严重干扰了中央正确方针和政策的制订。托洛茨基在俄共（布）召开中央全会上，提出了《工会及其今后的作用》的提纲初稿，但被否决。但中央全会决定成立一个研究工会问题的专门委员会，并吸收托洛茨基参加，以便于对一些关于工会的问题进行详细的讨论和研究。虽然中央全会决定禁止将会议的分歧和争论对外公布或诉诸更广泛的讨论，但是托洛茨基拒不加入专委会，并坚持把自己的想法在报纸上公开发表。于是，内部的争论不但没有平息，反而又挑起了更大范围的争论。同年年底，在之后的又一次中央全会上，运输工会中央委员会不顾上次中央全会决议，继续支持托洛茨基，依然坚持战时共产主义那一套，导致广大水运员工不满情绪的加深，扩大了冲突和分裂。面对如此复杂的局面，苏共主要领导仍然难以达成一致，季诺维也夫代表工会专门委员会建议改组运输工会的领导机构，迅速召开运输工人代表大会，而托洛茨基坚决反对。布哈林则各打50大板，提出一种和稀泥的草案，一方面承认水运员工反对极端措施是正确的，另一方面不同意立即改组运输工会领导机构。虽然列宁和另外6名中央委员极力反对布哈林的草案，但最终托洛茨基对布哈林的草案投了赞成票，遂使这一草案最后以一票领先的微弱优势得以通过。高层的争论引起中央委员会内部的思想混乱，争论正在逐步升级。

俄共（布）中央全会被迫决定把中央内部分歧和工会问题提交全党公开讨论，并准备在即将召开的党的代表大会上进行讨论，以便达成统一的决议。同期，托洛茨基在一次群众性集会上，作了《关于工会在生产中的任务》的报告，至此工会问题开始公开化。其后，托洛茨基在苏维埃第八次代表大会上四处散发小册子《工会的作用和任务》。但列宁并没有采取任何阻拦措施，他认为：“从形式民主的观点来看，托洛茨基无疑是有权发表纲领的，因为12月24日中央曾许可自由争论。但是从对革命是否适宜的观点来看，这就更扩大了错误，完全属于根据错误的纲领建立错误的派别。”12月底，在苏维埃八大的党员代表、全俄工会中央理事会和莫斯科省工会理事会的党员干部大会上，季诺维也夫、托洛茨基作报告，布哈林、诺根、施略普尼柯夫和梁赞诺夫等人作副报告，列宁作了题为《论工会、目前局势及托洛茨基的错误》报告，报告明确提出工会在无产阶级政权中的独特地位和作用，客观分析了争论背后的实质，并对托洛茨基的观点和布哈林的中间立场进行了尖锐的批驳。

1921年初，彼得格勒和莫斯科两地的地方党组织也卷入了这场论战。1月12日中央全会重申，必须完全自由地进行争论，任何组织都有权发表自己的见解和主张。之后，党内先后出现八个派别，这八个派别是：“十人纲领”（十人包括列宁、季诺维也夫、托姆斯基、鲁祖塔克、加里宁、加米涅夫、洛沃夫斯基、彼得罗夫斯基、阿尔乔姆和斯大林）、托洛茨基派、“缓冲集团”、“工人反对派”、“民主集中派”、诺根派、梁赞诺夫派和伊格纳托夫派。

争论进入了一个新的阶段。八个派别各自在不同场合宣传着自己的观点和主张。1921年1月，列宁先后发表《党内危机》《再论工会、目前局势及托洛茨基和布哈林的错误》，论述了工会问题争论的发展历程及其本质，揭露各个反对派的派别活动及其纲领的实质，同时对托洛茨基和布哈林的错误进行了批判。整个1月份，全党上下八个派别围绕工会问题展开了激烈的争论。2月，各派经过分化和重组，形成了三个派别。即:托洛茨基和布哈林“缓冲派”的联合纲领，列宁、季诺维也夫等的“十人纲领”，“工人反对派”的纲领。在论战的后期，大多数党员都明确反对托洛茨基在工会问题上的错误观点，表示支持以列宁为首的“十人纲领”。

1921年3月8–16日俄共（布）举行第十次代表大会，列宁致开幕词并作中央委员会总结报告。季诺维也夫代表“十人纲领”的拥护者作报告，托洛茨基代表“托–布联合纲领”派、施略普尼柯夫代表“工人反对派”作副报告，各派各有两名代表在大会上发言，开展辩论，并进行表决。表决结果，336票拥护“十人纲领”，“托–布联合纲领”得50票，“工人反对派”纲领得18票，2票弃权。至此，以列宁为代表的“十人纲领”关于工会问题争论的正确主张终获胜利。

1920年11月至1921年3月，俄共（布）党内关于工会问题的争论持续了4个月之久。在这场争论中，托洛茨基的这些主张是错误的，更让人失望的是他缺乏大局意识，在苏维埃政权生死存亡之际挑起了这场不合时宜的争论，使得全党把当前最迫切的任务——恢复经济放到了一边，被迫投入许多精力放在了既不紧迫又不十分重要的工会问题的争论上。事后列宁谈起这一场争论，认为“是太奢侈了，以至于使全世界都觉得奇怪，一个党在殊死斗争的最困难情况下，而且在发生歉收和危机的条件下，在遭到严重破坏和军队复员的条件下，竟然用尽心思去研究各种纲领的细枝末节，那么现在我们应当从这些教训中得出政治的结论，应当不仅得出关于各种错误的结论，而且得出关于阶级关系、工人阶级和农民关系的政治结论”。托洛茨基后来也不得不承认这场争论是“离题的”。

在解决完工会问题后，列宁又重新把精力投入到了新经济政策上。1921年3月中旬，俄共（布）第十次代表大会在莫斯科召开。列宁向大会致开幕词和向大会所作的关于实物税报告，并对“战时共产主义政策”作了客观的历史评价，肯定了其应有的功劳，也指出了它的不足。列宁认为在当时的历史环境条件以及当时战争条件下，为了挽救风雨飘摇中的苏维埃政权，这种政策在一定程度上是正确的。但同时必须要看到这个“功劳”的限度，它是在恶劣战争条件下被迫不得已而为之的政策，是一种临时的办法，它不是也不可能是适应无产阶级经济任务的政策。在战后，如果继续实行先前曾经帮助我们取得胜利的战时共产主义旧政策，只能导致失败。此外，列宁还结合当时俄国的具体国情分析了战后国内阶级关系的变化，坦承农民的不满情绪日益攀升，苏维埃政权面临着新的经济和政治危机。由此作出结论：必须重新审查党现行的农村经济政策，制定以粮食税为中心的新的农村经济政策，允许农民自由支配交税后剩下的粮食和农产品。经过讨论，大会最后通过了《关于以粮食税代替余粮收集》的决议，作出了向新经济政策过渡的决定。

俄共（布）十大以后，关于新经济政策的法令陆续出台。3月21日全俄苏维埃中央委员会通过了《关于用实物税代替粮食和原料收集制》的法令。几天之后，苏维埃政府颁布了

《关于实物税税额》的法令和《关于在完成余粮收集任务的省份自由和买卖农产品》的法令。5月17日，人民委员会通过了《就如何对付小工业、手工业和手工业农业合作社问题给政权机关的原则性指示》。5月24日，人民委员会通过了《关于交换》的法令。8月9日，列宁签署《人民委员会关于贯彻新经济政策原则的指令》。9月，苏维埃颁布《关于工资等级问题的基本原则》。另外，为改善工人的生活状况，苏维埃政府在1921年还接连颁布了《关于工人个人奖励的命令》《关于企业的集体供应的命令》《关于实行货币工资的命令》。

随着新经济政策的实施和完善，苏俄的经济政策发生了重大转折，由直接向共产主义过渡改为迂回方式。它犹如一块巨石投入平静的水面，引起了各个阶层、派别的强烈关注和反应。他们按照不同的立场、观点和方法进行评论，众说纷纭，莫衷一是。

流亡国外的白俄分子和欧洲资产阶级认为苏维埃国家会改变无产阶级性质，从此改弦更张退向资本主义。就在新经济政策正式实行的1921年，一批流亡欧洲的白俄分子在布拉格和巴黎出版了题名为《路标转换》的文集和杂志。白俄分子乌斯特里雅洛夫直言不讳地说："布尔什维克可以爱怎么说就怎么说，可是实际上这不是什么策略，而是蜕化，是内部的蜕变，他们一定会走向通常的资产阶级国家，我们应当支持他们。历史是殊途同归的。"

有些党员干部对新经济政策没有足够的思想准备，他们对新经济政策实施后的前景充满了悲观的色彩，甚至怀疑是否"资本主义在俄国复辟"。许多老布尔什维克想不通，思想上一片混乱。一位老革命家哭着说："在战时共产主义时期，大家受冻挨饿，过着艰苦的生活，即使是一个冻僵的土豆也被当作珍品佳肴。但是1918—1920年建立起来的那种制度，它的本质是非常好的，真正是共产主义的。全部生产资料归国家所有，私有制被铲除，私人资本被消灭，金钱已经失去作用，物质财富的平均分配代替了资本主义的商业。我们实现了马克思在《哥达纲领批判》中所设想的那种社会制度，只要有足够的物质财富，那么整个社会就成了天堂。当听到要把巴库和格罗兹尼的油厂租让给外国资本家去经营，还要把北部和西伯利亚西部森林以及其他许多企业，租让给外国资本家经营的时候，真像当头挨了一棍似的痛心。就在这一瞬间，脑海里出现这样的想法，十月革命的大厦正在摇摇欲坠。这意味着转向资本主义。等着瞧吧，当新经济政策达到这一步的时候，就是说当许多企业取消了国有化，实行自由贸易，恢复原先的经济关系的时候，我们中间的许多人才会清醒地认识到，也不能不认识到这是对共产主义的背叛，是公然抛弃十月革命所取得的一切成果。”

在国际上，一些国家的社会主义工人政党领导人和理论家批评列宁和俄共（布）实行新经济政策是别出心裁，背叛了马克思关于社会主义社会经济的传统论述，是让资本主义经济的瘟疫在俄国蔓延。为了驳斥资产阶级和敌人的诬蔑、攻击，为了消除部分党员、干部、群众中的模糊思想和种种疑虑，为了统一全党思想认识，使党的工作适应新形势的要求，并使劳动人民了解新经济政策实施的依据和重大意义，列宁停下手头的其他工作，于1921年3月底开始撰写《论粮食税》，文章于4月21日完稿，5月初由国家出版社刊印成册，各地出版社随后相继刊印，6月在《红色处女地》杂志第1期上刊发，中央和地方报刊进行了转载。俄共（布）中央为此专门作出决定，要求各级党委按照列宁《论粮食税》的基本精神向广大党员和群众解释新经济政策的实质和意义。同年，文章被译成德文、法文和英文，刊载于《共产国际》杂志第17期。

总的来说，《论粮食税（新政策的意义及其条件）》是列宁在俄共（布）十大闭幕后不久对以粮食税为核心的新经济政策精神实质及重大意义所作的说明，从理论上论证了用粮食税代替余粮收集制的依据、必要性和重大意义，阐明了国家资本主义在向社会主义过渡中的作用、可能性以及实现形式。这篇文章不仅对推动当时苏维埃共和国的经济政策从以余粮收集制为核心的战时共产主义政策，向以粮食税为核心的新经济政策的全面转变起了巨大的作用，而且对于指导经济落后国家革命胜利后如何向社会主义过渡、发展社会主义经济具有普遍而深远的意义。

第三节　《论粮食税》的文本框架

《论粮食税》全文字数2.4万字左右，全面系统地阐明了以粮食税为核心的新经济政策的内容、意义以及实行的必要性和可能性。首先，列宁阐明了1918年春和1921年春的经济政策原则之间的关系。1918年的论断在估计经济的恢复和经济的社会主义改造方面有许多错误，实际期限比当时估计的要长，到1921年改善农民生活状况成为当务之急。其次，列宁阐述了用粮食税代替余粮收集制这一过渡政策的实质。列宁在肯定了战时共产主义政策巨大功绩的同时，指出必须顺时而变，因循守旧只能是干蠢事、自杀。再次，针对当时人们常常发出的“资本主义是祸害，社会主义是幸福”的议论，列宁指出这种议论是抽象的空谈，资本主义同社会主义比较是祸害，但同宗法式经济、不生产相比较则是幸福，既然不能直接过渡，那么作为生产和交换的自发产物的资本主义在一定程度上就是不可避免的，应该利用资本主义作为不生产和社会主义的中间环节，作为提高生产力的手段。最后，列宁总结了他对新经济政策的论证。粮食税是从战时共产主义到正常的社会主义产品交换制的过渡。实行粮食税、发展农业和手工业间的流转、发展小工业是改善农民生活状况的好方法。流转就是贸易自由，就是资本主义，但资本主义在一定限度内对苏维埃国家有利，限度的大小将由实践和经验来确定，要加强国家监督。原文分为“代引言”“关于俄国现时经济”“论粮食税、贸易自由、租让制”“政治总结与结论”和“结束语”五个部分。

“代引言”是整个文章的引言，交代了从一般原则的角度来讨论俄国当时政策的基本背景。“关于俄国现时经济”，主要是说明1918年春和1921年春俄国的经济政策和经济状况。“论粮食税、贸易自由、租让制”是文章的主体部分，系统论述了新经济政策思想。在“政治总结和结论”中，列宁分析了当时俄国所面临的经济、政治危机，进一步强调了实行新经济政策和国家资本主义策略的必要性。“结束语”对全文进行了总结，列宁指出，党要尽最大的努力，包括采取粮食税以及与之有关的种种措施，改善工农群众的生活状况，从根本上解决造成政治危机的根源。

按其内容主要分为以下三个部分：

一、国家资本主义

包括“代引言”和“关于俄国现时经济”两节。主要内容有以下几个方面：

1.苏维埃俄国的社会经济结构

1917年十月革命胜利后，俄国进入了从资本主义向社会主义过渡的时期。列宁分析了过渡时期的社会经济结构，认为这些经济成分主要是：宗法式的，即在很大程度上属于自然经济的农民经济；小商品经济（这里包括大多数出卖粮食的农民）；私人资本主义经济；国家资本主义经济；社会主义经济。这些不同类型的经济成分是互相交织在一起的，其中占优势的是小农经济。

2. 国家资本主义在俄国经济结构中的地位

从俄国当时经济的特点出发，列宁认为反对小资产阶级及其自发势力的斗争，是无法“通过处死个别几个（要犯）和颁布大批文告”[①]的办法取得成功的，只有通过对产品的生产和分配实行计算和监督的办法，即实行国家资本主义，才能逐步战胜小资产阶级及其自发势力对苏维埃经济的破坏性。为此，列宁分析了国家资本主义的进步性。

首先，国家资本主义在经济上优于不商品经济。因为不商品经济是一种小规模的、分散的和手工劳动、个体劳动联系在一起的小私有经济；而国家资本主义是和大生产联系在一起的，是一种无产阶级国家能够加以限制并规定其活动范围的资本主义经济。其次，国家资本主义能够帮助工人阶级学会怎样

①《列宁全集》第41卷，人民出版社1986年版，第197页。

保卫国家来反对小私有者的无政府性，从而消除小资产阶级自发势力所带来的负面影响。而无产阶级一经学会了怎样根据国家资本主义原则来整顿好全国性的大生产组织，社会主义的巩固就有了保证。再次，国家资本主义是走向社会主义的“前阶”。因为社会主义的实现要有两个条件：一个是物质条件，即建筑在现代科学最新成就基础上的大资本主义技术；一个是政治条件，即无产阶级国家政权。1918年的德国和俄国分别具备了其中的一个条件，即德国具备了前一个条件，而俄国具备了后一个条件。他指出，如果德国的无产阶级革命获得胜利，即同时具备了后一个条件的话，就能轻而易举地击破帝国主义的包围的外壳，实现世界社会主义的胜利。但是“如果德国的革命迟迟不‘诞生’”[1]，那么苏维埃俄国的任务就必须全力地学习和仿效德国人的国家资本主义，自己来创造出实现俄国社会主义胜利所缺少的第一个条件。因此，列宁甚至认为国家垄断资本主义是社会主义的“前阶”，不通过这个“前阶”，就不能走进社会主义的大门。当然，发展国家资本主义，无产阶级需要付出代价，但这是值得的，这不仅不会葬送社会主

①《列宁全集》第41卷，人民出版社1986年版，第200页。

义，反而会使无产阶级通过最可靠的道路走向社会主义。

3. 建设社会主义需要向文明的资本家实行赎买

列宁认为，当时俄国在政治制度和工人政权的力量方面比欧洲的任何其他国家都要先进，但是在经济的组织与文明程度、在物质和生产条件方面，却比西欧最落后的国家还要落后。这后一方面不改变，就不可能走入社会主义。因此无产阶级应该根据马克思、恩格斯在19世纪70年代提出的对资产阶级“和平地”通过“赎买”的思想，对那些确有才干和能力、愿意为苏维埃政权服务的资本家实行赎买，使他们能在这方面发挥积极作用。列宁肯定了布哈林同意给予专家高薪的意见，但对布哈林支持“左派”共产主义的做法提出了批评，因为“左派”共产主义者认为向资产阶级专家学习，吸引他们参与组织社会化大生产是阶级调和。同时，列宁也指出，由于俄国的情况与西方国家不同，俄国的工人阶级没有在人口中占绝对优势，俄国的资产阶级也没有妥协的习惯。因此，对不文明的资本家，对那些既不肯接受任何“国家资本主义”，也不想实行任何妥协、继续以投机和收买等方法来破坏苏维埃政权的资本家，必须无情地加以惩治。

二、对新经济政策的相关论述

这一部分主要包括粮食税、贸易自由、租让制，该部分是《论粮食税》的主体部分，也是文章字数最多的部分。

1. 以粮食税代替余粮收集制的迫切性

为什么要用粮食税代替余粮收集制呢？列宁指出，这是由1921年春天的形势决定的。1918年至1921年的国内战争，加剧了俄国的经济破坏，其中最严重的问题莫过于粮食和燃料的短缺。而“要增加粮食的生产和收成，增加燃料的收购和运输，非得改善农民的生活状况，提高他们的生产力不可”。[①]要做到这一点，就必须认真地改变粮食政策，用粮食税代替余粮收集制。否则，既无法改变工人生活状况，也无法巩固工农联盟、巩固无产阶级专政。

2. 粮食税的实质

实行粮食税以后，必然会引起地方经济流转中的贸易自由。有些人从现象出发，以为这是向资本主义转变。列宁纠正说，实行粮食税并不是为了向资本主义转变，而是为了寻找社会主义经济与小农经济的结合点。在一个小农占优势的国家

①《列宁全集》第41卷，人民出版社1986年版，第207页。

里，实行无产阶级专政、巩固社会主义经济基础的正确政策，只能是“用农民所必需的工业品去换取粮食”。因此，粮食税“是从极度贫困、经济破坏和战争迫使我们所实行的特殊的‘战时共产主义’向正常的社会主义的产品交换过渡的一种形式”。

3. 把资本主义的发展纳入国家资本主义的轨道

列宁认为，在小农国家里，无产阶级解决农民问题的正确政策是要用农民所必需的工业品去换取粮食。但因为战争破坏严重，国家一时还拿不出大量的工业品向农民换取所必需的全部粮食，所以只能实行粮食税，即把最必需的粮食作为税收征来，其余的粮食将用工业品去交换。因此，实行粮食税后也必然会产生一些消极后果，即不可避免地会使资本主义在一定程度和范围内得以恢复和发展。这首先是因为历史上资本主义就是在不商品生产和交换的基础上发展起来的，国家允许农民把纳税后的余粮投入自由贸易，必然会推动不商品经济的发展；其次，由于国家恢复经济首先要从那些不需要机器、大批原料、燃料和粮食储备的小工业着手，国家不得不将一些已经国有化的小企业出租给私人和合作社经营，并允许私人经营商业，这也必然会使小资产阶级或资本主义在一定程度和范围内复活。

既然小资产阶级和资本主义在一定程度和范围内复活是不可避免的，或者是试图完全禁止、堵塞一切私人的非国营的交换的发展，即资本主义的发展，但一个政党要是试行这样的政策，那它就是在干蠢事，就是自杀。或者是不去试图禁止或堵塞资本主义的发展，而努力把这一发展纳入国家资本主义的轨道。这在经济上是可行的，也是唯一合理的政策。因为“与小私有者的自发势力比较，国家资本主义是一个进步”，是走向社会主义的“中间站”。因此，“全部问题，无论是理论上的还是实践上的问题，在于找出正确的方法，即应当怎样把不可避免的（在一定程度上和在一定期限内不可避免的）资本主义的发展纳入国家资本主义的轨道，靠什么条件来做成这件事，怎样保证在不久的将来把国家资本主义变成社会主义”。①

4. 国家资本主义的若干形式

为了提高全党同志对国家资本主义的了解，列宁列举了国家资本主义的四种形式。

①《列宁全集》第41卷，人民出版社1986年版，第211页。

第一种，租让制。它是无产阶级的国家政权为反对不私有者的自发势力而和外国资本家缔结的一种合同。根据这种合同，社会主义国家政权把自己的工厂、原料、矿山等生产资料，在一定期限内交给外国资本家支配，外国资本家则以合同的一方或租借人的资格，利用这些生产资料从事生产，以其资本赚取利润，并把一部分产品交给社会主义国家。而苏维埃政权获得的利益，则是发展生产力，在最短时间增加产品数量。租让政策必须恰当而谨慎，可以帮助改善生产状况，改善工农生活。列宁认为，能否使租让制对无产阶级有利无害，取决于力量对比和斗争。因此，租让制是阶级斗争在另一种形式下的继续。

第二种，合作制。主要是将革命前就比较普遍存在的小资产阶级和资产阶级性质的合作社利用起来，在苏维埃政权机构监督下从事商品的收购、加工、交换等业务，把千百万分散的居民联合起来，组织起来，进而向社会主义过渡。从合作制的作用上看，它比私人企业更有利。租让制成功，国家就会获得为数不多，但却具有先进水平的大企业；而合作制的成功，就会把不生产发展起来，在将来自愿联合的基础上过渡到大生产，进而过渡到社会主义。

第三种，代购代销。即国家把作为商人的资本家吸引过来，付给他们一定的佣金，由他们来销售国家的产品和收购小生产者的产品。

第四种，租借制。就是国家把国有的企业或油田、林区、土地等租给企业资本家，出租对象多为中小企业。

列宁认为，代购代销和租借制在当时没有得到应有的重视，这种状况必须加以改变。

列宁再次强调，在俄国这样一个小农经济占优势、经济文化落后的国家里，只有借助于资本主义，尤其是国家资本主义这些中间环节，才能从宗法制度、不生产过渡到社会主义。

5. 大力发展工业和农业间的流转，反对官僚主义

俄国十月革命胜利后，列宁十分重视反对官僚主义。在这篇文章中，列宁特别将反对官僚主义和发展工农业之间的流转联系起来。这是因为，官僚主义的经济根源是小生产者的分散性和涣散性。由于种种原因，官僚主义已经在苏维埃制度内部部分地复活起来。不少干部往往热衷于空谈，陷于文牍主义，弥漫着因循习气，浮在上面而不能深入基层，这对于推动和发

展商品流转的实际工作产生了越来越明显的危害。而且官僚主义主要集中在中央，地方上的情况一般比中央要好一些。如何同官僚主义作斗争呢？列宁在这篇文章中主要讲了这样几个方面：一是在组织上改善机关，经常不断地从地方和下层把那些新的年轻的有朝气的共产主义力量提拔上来；二是要求机关工作人员多深入实际，多积累和研究各种各样的实际经验，推动新经济政策的正确实行；三是克服小资产阶级政治动摇，包括“政治总结和结论”“结束语”两节，列宁在这部分主要通过分析喀琅施塔得叛乱进而提出克服小资产阶级政治动摇的必要性、方法以及重要意义。最后列宁在“结束语”中就新经济政策作了理论归纳。

第四节　《论粮食税》创作的思想渊源

以粮食税为核心的新经济政策是列宁在1921年继“战时共产主义政策”后提出的，当时的俄国刚刚从外国武装干涉和国内战争中摆脱出来，国民经济到了崩溃的边缘。“仅1921年春统计，战争使苏俄损失总额已达390亿金卢布，超过了战前整个国家财富的四分之一。国民收入从1917年的111亿卢布下降到1920年的40亿卢布。生产力遭到严重破坏，工业品产量只有战前14%，农产品产量只及战前的60%。”[①]与此同时苏维埃俄国出现了政局不稳定的情况，“战时共产主义政策”的继续实行，导致了被压制多年的农民阶级严重不满，工农联盟开始出现裂痕，甚至一些地方还发生了暴乱，政治上刚刚从外国武装干涉和国内反革命叛乱的残酷战争中挣扎出来，又陷入了泥潭，经济上又濒临崩溃的边缘。在上述的时代背景下，列宁认识到要使苏维埃政权得到稳定、巩固和发展，必须抓住解放生产力，调动农民的积极性和改善人民生活这一主要矛盾，在1920—1921年的转折关头，列宁决定实施以粮食税为核心的新经济政策，“要立刻把列车引到另一条轨道上去”[②]。针对广大干部群众对新经济政策的不了解，列宁于1921年4月21日写下了《论粮食税》，向广大群众说明，以粮食税为核心的新经济政策精神实质及重大意义。在当时国内国外极端恶劣的条件下，列宁之所以能够在短期内寻找到国民经济转型的新路子，

① 王贵正：《世界近代史》，辽宁人民出版社1984年版，第297页。
②《列宁全集》第31卷，人民出版社1986年版，第27-28页。

进而一步步形成一套较为完整的理论体系，有其深刻的思想渊源。

第一，早在十月革命胜利之前，列宁就已经充分认识到用直接过渡的办法，过渡到社会主义，并不适合俄国当时的国情，这是以粮食税为核心的新经济政策理论形成的基本前提。作为一名深刻掌握马克思主义精髓的理论家、实践家的列宁，早在十月革命胜利之前，就已经清晰地把握了俄国的基本国情，这是一个封建残余与资本主义畸形结合的、以小农为主体的、生产力极端落后的农业国家，是欧洲最落后的国家之一。基于以上认知，列宁并不认为以当时俄国落后的政治经济条件、社会状况，可以直接过渡到社会主义，在这个国家里，社会主义不可能立刻直接取得胜利。“除了使资本主义向前发展以外，妄想在任何其他方面替工人阶级寻找出路，都是反动的。在像俄国这样的一些国家里，工人阶级与其说是苦于资本主义，不如说是苦于资本主义发展得不够”[①]。当时列宁认为，在二月革命之前，俄国革命的主要任务是为俄国资本主义的发展扫清障碍，为资本主义在俄国的传播、发展创造条件，

①《列宁全集》第41卷，人民出版社1986年版，第200页。

其在性质上属于俄国资产阶级民主主义革命。而无产阶级反对资产阶级的斗争必须要在俄国资产阶级民主主义革命胜利之后进行，不能超越社会发展阶段。事实上列宁是这样想的，也是这样做的。在二月革命推翻沙皇后，列宁领导下的布尔什维克党也并没有立即转入社会主义革命。

后来革命形势急转直下，二月革命胜利后成立的资产阶级临时政府对布尔什维克极端仇视，危局中列宁发表由民主革命过渡到社会主义革命的《四月提纲》。但是《四月提纲》中的"过渡""只是走向社会主义的步骤"，也不同于"直接过渡"，而是一种十分保守、十分谨慎的"间接性质上的过渡"。在《四月提纲》中关于过渡的经济方面有：实行全国土地归国家所有；合并全国的银行，成立由工人代表苏维埃进行监督的国家银行；社会产品的生产和分配由工人代表苏维埃监督。直到十月革命胜利后，列宁还是不主张立刻剥夺资本主义，而是实行工人监督。列宁坚持认为，十月革命是俄国资产阶级民主主义革命，要想进行社会主义革命，必须先完成资产阶级民主主义革命的任务。

列宁在充分把握俄国基本国情以及人类社会发展道路的基

础上，大胆断定俄国不能直接过渡到社会主义。列宁分析得出俄国属于传统农业国家，农民占大多数，在革命中无产阶级要与农民结成巩固的联盟，同时又要尊重农民的利益。尽管十月革命的胜利，使得工人阶级掌握了国家政权，在政治属性上转变成了社会主义性质。但是在经济上依然还处于旧的模式，并不是社会主义性质。列宁正是因为认识到这一点，在直接向社会主义过渡失败后，依靠对俄国国情的把握和社会主义革命实践的不断摸索，终于找到了一条以新经济政策为主的向社会主义间接过渡的道路。

第二，列宁早年对马克思主义商品经济思想的深入研究，是以粮食税为核心的新经济政策形成和发展的萌芽。在列宁各个时期的著作中贯穿着的市场经济理论，一直是列宁在研究马克思主义商品经济理论中关注的核心问题。通过对马克思主义经典著作《资本论》中揭露的资本主义经济的不断研究，使得列宁逐渐萌发了一个天才的想法，即完全可以利用市场经济来发展社会主义。首先，列宁经过不断研究马克思、恩格斯的经典著作，在完全掌握和理解马克思关于“商品生产”等概念精髓的基础上，大胆地、创造性地对其进行了发展。列宁明确地提出“商品经济”和“市场经济”这两个概念，并详细阐述了它们之间既有联系又有区别。商品经济和市场经济都属于生产关系，二者构成了生产关系的总和。商品经济不管如何发展最终都是面向市场的经济，而市场则是刺激经济发展的最有力的因素，市场经济是配置市场资源的有效方式。其次，列宁认为商品经济是社会发展不可逾越的历史阶段。列宁坚持和发展了马克思主义的唯物主义观点，认识到社会发展阶段可以具有不对称性。先进的生产关系可以直接越过社会发展阶段的束缚来代替旧的落后的生产关系，人们可以跳跃性地选择更为先进的社会制度。但是生产力发展水平则是客观的，不可逾越的。再次，列宁认为商品经济并不是资本主义的专利。商品经济是先于资本主义社会出现的，资本主义与商品经济之间没有绝对的等号。商品经济发展到一定阶段时必然转变为资本主义经济，十分发达的商品生产只有在资本主义社会才是可能的，但是一般的“商品生产”无论从逻辑上或者从历史上来说都是先于资本主义的。经济全球化与区域经济一体化是商品经济发展的必然结果，列宁认为，当有一天，商品的生产以及社会分工不再满足于国内，扩展出一国的范围之内，开始迈向国际化时，距离世界经济一体化就不远了。全球经济一体化趋势的来临，促进各国充分利用一切有利因素，加快发展，积极参与竞争。正是由于列宁对马克思主义关于商品经济的创造性发展，才有了后来新经济政策的颁布与实施。

第三，十月革命后最初实施的国家资本主义政策，在一定程度上是以粮食税为核心的新经济政策的一次早期尝试。而事实上在新经济政策中，列宁也始终把国家资本主义视为向社会主义过渡的主要途径。列宁在《论粮食税》《俄国革命的五年与世界革命的前途》《论合作社》等相关著作中，反复大段地引用其在1918年春写的《论“左派”幼稚病和小资产阶级》中关于国家资本主义的论述。详细阐述了1921年后我们为什么要实行新经济政策，新经济政策与1918年春的政策有何异同。总之，新经济政策的形成不是一蹴而就的，其与列宁对国家资本主义、地方流转、商品货币、市场经济等具体问题的认识有着千丝万缕的承接关系。

第四，俄共（布）第十次代表大会上列宁对战时共产主义政策的总结与评价，为其提出新经济政策起到了催化作用。战时共产主义政策，是在特殊情况下，苏维埃政权为了适应战争的需要，迫不得已实施的临时性政策，其与建设社会主义的客观规律是相违背的。列宁后来在《论粮食税》等相关著作中对战时共产主义政策作出了客观的评价，列宁指出，“战时共产主义”是战争和经济破坏迫使我们实行的。它不是而且也不能是一项适应无产阶级经济任务的政策，它是一种临时的办法。“战时共产主义”处处充满着“直接过渡”的思想。虽然“战时共产主义”政权帮助我们取得了战争的胜利，从这个角度讲它是具有巨大功劳的。但是“战时共产主义”的弊端也是明显的：在农业方面其严重阻碍农业恢复发展，极大地削弱了农民的生产积极性；在工业方面旧体制下企业只是盲目地服从指挥，没有一点活力与自主权；在日用消费品方面，旧体制下严禁产品的地方自由流转；同时实行义务劳动制度，挫伤了劳动的积极性。一切为了战争的需要，在战争中它的功劳是巨大的，战争胜利后恢复生产，发展经济成为当时俄国首要的任务，如何在经济、文化落后的俄国建设、发展社会主义，充分体现社会主义的优越性，成为当时必须解决的首要理论问题。继续搞“战时共产主义”那一套，已经不适合经济社会发展要求，必须要根据实际转变政策。

1921年10月后，针对“战时共产主义”的不足，列宁从主客观两方面总结了战时共产主义的教训。客观上，列宁强调了“战时共产主义政策”的被迫实施，是残酷战争的需要，无可避免；在主观上，列宁坦承“战时共产主义政策”作为社会主义经济建设的政策是错误的、失败的。其实质是 “用无产阶级国家直接下命令的办法在一个小农国家里按共产主义原则来调整国家的产品生产和分配”[①]。正是在思想上认识到了战时共产主义政策的失误，列宁的探索才有了突破性的进展，他把马克思、恩格斯关于建设社会主义的一般原理，创造性地同俄国这一国家的具体实际结合起来，经过艰难曲折的探索，最后找到了一条适合俄国走向社会主义的正确道路，那就是“新经济政策”。从而实现了社会主义建设理论和模式的根本转变，从根本上巩固了国家政权。

---

①《列宁全集》第42卷，人民出版社1987年版，第211页。

第二章 《论粮食税》的内容解读

第一节 《论粮食税》中相关概念介绍

为了让读者能够更好地了解《论粮食税》的文本精神，不被书中涉及的一些陌生人物、党派以及一些相关政策所干扰，影响阅读，现将书中涉及的一些特殊概念单独列出加以简单的说明。

一、相关政策介绍

1. 战时共产主义政策

1918年开始实施，又称“军事共产主义”。俄国十月革命后，苏俄在1918—1920年国内战争时期采取的经济政策。苏俄国内战争爆发后，苏俄的粮食、煤炭、石油和钢铁的主要产地陷入敌手，苏维埃国家的处境十分困难。苏俄政府为粉碎国内地主资产阶级和帝国主义发动的反苏维埃政权的战争而采取的一系列特殊的临时性的社会经济政策的总称。苏共希望通过该政策使苏俄直接转变为社会主义国家。

主要内容包括：（1）一切贸易国有化。1918年11月21日，人民委员会颁布了《关于组织一切产品、个人消费品及日用品的居民供应》的法令，规定一切食品、个人消费品和家用物品均由国家和合作社组织供应，取代私商。国家在粮食垄断制之后，对糖、茶、盐、火柴、布匹、鞋、肥皂等也开始实行国家垄断。（2）余粮收集制。1919年1月11日，人民委员会颁布了《关于国家在出产谷物的省份征粮办法》的命令，在俄国全境实行征收谷物和饲料的余粮收集制。征收原则按照富农多征，中农少征，贫农不征。如果农民不能按期完成规定的粮食份额，其余一经发现，当即没收。（3）产品配给制。一切非农业人口都必须加入消费合作社，由合作社分配站按照工种定量配售食品及日用品。但合作社分配站分配的食物仅仅只能避免不被饿死，更不能说满足居民的需要了。（4）劳动义务制。要求凡是有劳动能力的人必须参加劳动，并强迫剥削阶级分子参加体力劳动。强制贯彻“不劳动者不得食”的原则。政府可以招募公民完成不同的社会工作，而不论其担任何种经常性工作。（5）全部工业国有化。工矿企业国有化早在十月革命胜利后就开始进行了。1918年6月苏维埃当局正式颁布法令，加快其国有化的速度，1920年11月29日，最高国民经济委员会决定，将拥有机械动力，工人在5人以上的，或没有机械动力，工人超过10人的私营企业，全部收归国有。

2. 余粮收集制

所谓余粮收集制，是苏维埃政权在1918—1920年外国武装干涉和国内战争期间所实行的农产品收购制度，是战时共产主义的主要内容之一。国家规定，除了农民的口粮、种子和饲料以外的全部粮食和饲料，由国家按固定价格收购，禁止农民自由买卖粮食。实行这种粮食政策，保证了红军和城市居民的必要口粮，对取得战争的胜利，巩固苏维埃政权起了重要的作用。但是，实行这种政策是违反客观经济规律的，它侵犯了农民的经济利益，阻碍了农业生产的发展。

第一，征粮过多，超过了农民的实际负担程度。苏维埃政府在征购余粮过程中，派出了近两千个征粮队，采取强制征收的办法，征收的数量又是逐年加码，这样国家征购的不仅是农民的全部余粮，还征购了农民的一部分口粮。而且，征收的范围除了粮食和饲料外，还扩大到肉类、油脂、蔬菜、棉花、亚麻、大麻和皮张等。这样，在战争年代，在全国的耕种面积和粮食产量显然有减无增的情况下，征收的粮食和农副产品反而大幅度地增加，这无疑是加重了农民的负担，侵犯了农民的经济利益。

第二，纸币贬值，等于无偿剥夺农民。国家在征收农民的余粮时，虽然以固定价格付给粮款，但是，由于当时国民经济遭受严重破坏，消费品奇缺，造成了通货膨胀，纸币贬值。1920年底与1913–1914年相比，纸币卢布急速贬值，农民手里的纸币简直买不到什么东西。余粮收集制实质上是无偿占有农民的一部分粮食。

第三，实行国家对粮食贸易的垄断，禁止自由贸易，农民深为不满。余粮收集制征收了农民的全部剩余农产品，又禁止私人自由买卖农产品和工业品，这就剥夺了农民参加市场交换的可能性，他们必需的生活资料和生产资料的来源也就得不到保障。

如果说，在大敌当前，人民的生命和财产受到严重威胁时，大多数农民还能暂时忍受余粮收集制带来的沉重负担的话，那么当1920年国内战争一结束，农民对余粮收集制强烈的不满情绪便爆发了出来，并付诸行动。首先，表现在生产上。广大农民除去满足自己家庭的基本生活需要外，就不愿再多耕种土地，饲养家畜和家禽。据统计，1920年与1917年相比，耕种面积减少了2100万俄亩，相应的粮食总产量由330亿普特减少到170亿普特。农民为了抵制余粮收集制，还隐瞒了实际种植面积和产量。据统计，1920年农民隐瞒的实际种植面积达2000万英亩，占种植面积总额的14%，隐瞒的粮食产量占总产量的33%。其次，表现在政治上，这种不满和反抗情绪，直接影响到全国政治上的安定，导致农民暴动连续发生，遍及各地。

列宁在总结这段历史教训时十分沉痛地说："到1921年春，我们就在经济战线上遭受了严重的失败，……这次失败表现在：我们上层制定的经济政策是同下层脱离的，这一政策没有造成生产力的提高，农村的余粮收集制，这种解决城市建设任务的直接的共产主义办法，阻碍了生产力的提高，它是我们在1921年春天遭遇严重经济危机和政治危机的原因。”

3. 新经济政策

十月革命后，苏俄实行余粮征集制的“战时共产主义”政策，引起农民极其不满。所以在1921年3月开始实行的向社会主义过渡的经济政策。新经济政策的一项重要内容是以征收粮食税代替余粮收集制。农民按国家规定交纳一定的粮食税，超过税额的余粮归个人所有，大大减轻了农民的负担。并且允许外资企业和国家暂时无力经营的企业，恢复商品货币关系进行调节生产的作用。这使小农占优势的苏俄找到了向社会主义经济过渡的道路。后因斯大林上台而被逐步取消。

4. 国家资本主义

国家资本主义指与国家政权相结合，由国家掌握和控制的一种资本主义经济。它的性质和作用决定于国家的性质。在资本主义国家里，国家资本主义为国家所承认并受国家监督，它有利于资产阶级和反对无产阶级。它实际上就是国家垄断资本主义，是为资产阶级统治服务的，是变相的私人资本主义。新中国成立后，对资本主义工商业实行社会主义改造时期，国家资本主义在中国是“改造资本主义工商业和逐步完成社会主义过渡的必要之路”。现阶段，我国和外国资本家合作经营的企业也属于国家资本主义性质。

二、相关党派介绍

1. 布尔什维克

“布尔什维克”是俄文“多数派”的译音，它是列宁创建的俄国马克思主义政党。与之相对的是“孟什维克”，俄语意指“少数派”。1883年，在普列汉诺夫的领导下，俄国成立了第一个马克思主义的政治组织“劳动解放社”。

1895年5月，列宁在日内瓦会见了普列汉诺夫，与“劳动解放社”建立了联系。这一年的秋天，列宁回到俄国，把彼得堡分散的马克思主义小组统一组成“工人阶级解放斗争协会”。协会成立不久，列宁就被逮捕，后流放到西伯利亚，因而未能参加1898年3月1日举行的俄国社会民主工党成立的第一次代表大会。这次代表大会没有完成制定党纲和党章的任务。1900年，列宁结束了他的流放生涯，迫于国内环境严峻，他到国外致力于创办政治报刊的工作。同年12月，《火星报》在国外出版。列宁在《火星报》上发表了一系列文章，宣传马克思主义的建党学说。1901—1902年，他又写了《怎么办》一书，为建立一个马克思主义的政党奠定了思想基础。

1903年7月，俄国社会民主工党的第二次代表大会在布鲁塞尔召开，大会主席团的主席是普列汉诺夫，列宁为副主席。大会的主要议程就是通过党纲和党章。在有关党的纲领上要不要写上无产阶级专政和党章关于党员资格的问题上引起了激烈的争论，投票表决的结果是：在党纲问题上通过了列宁的意见，写上无产阶级专政的条文，但在党员资格问题上列宁的意见被否决了。只是在最后选举党的中央领导机构时，由于部分反对列宁的代表退出大会，导致拥护列宁这一派代表形成多数。俄国社会民主工党从此形成两派，即多数派和少数派，布尔什维克是俄文多数派的译音，少数派俄文的译音为孟什维克。但这两派在1912年以前并未公开分裂。1912年，俄国社会民主工党第六次代表大会召开。在这次大会上，布尔什维克和孟什维克公开分裂，布尔什维克从此成为独立的马克思主义政党，简称俄国社会民主工党（布）。十月革命后的1918年3

月，在党的第七次代表大会上根据列宁的提议，俄国社会民主工党（布）改名为俄国共产党（布），简称俄共（布）。1925年4月，在党的第十四次代表大会上又把俄国共产党（布）更名为苏联共产党（布），简称联共（布）。布尔什维克党的成立标志着列宁主义的诞生，列宁主义是帝国主义时代的马克思主义；列宁领导下的布尔什维克党是俄国十月革命胜利的关键。

2. 俄国社会革命党

俄国社会革命党于1902年成立，是一个小资产阶级政党。该党主张推翻沙皇政权，实行联邦制的民主共和国；实行自由的民族政策、政教分离；主张土地社会化。民粹主义是该党的意识形态。该党认为应由农民主要是富农来进行“社会主义革命”，反对无产阶级在民主革命中担负起领导角色，支持帝国主义战争。1917年二月革命后，曾与孟什维克一起成为苏维埃中的多数派，主张与资产阶级临时政府妥协，其领导人曾出任临时政府的部长和总理。该党反对十月革命，苏维埃政权成立后曾长期进行反对共产党和苏维埃政权的政治活动。1920年被苏维埃政府取缔。

3.俄国社会革命党“左派”

俄国小资产阶级政党。原为社会革命党内的左翼，正式形成于1917年12月。第一次世界大战期间，在社会革命党内出现一个以纳坦松为首的左派集团，认为这次战争是帝国主义性质的，他们反对社会革命党的沙文主义路线，强调必须继续进行反对沙皇专制统治的革命斗争。1917年二月革命以后，左派与社会革命党中央的分歧扩大。他们反对与资产阶级联合，拒绝参加临时政府，同时主张立即实现土地社会化，即没收地主的土地为全社会所有，将其平均分配给农民使用。这些要求反映了劳动农民的愿望，与布尔什维克党的最低纲领相符合。十月革命前夕，左派社会革命党人与布尔什维克党合作，参加彼得格勒和其他一些地方的军事革命委员会。十月革命期间，左派社会革命党人参加彼得格勒、莫斯科等地的武装起义。在全俄工兵代表苏维埃第二次代表大会上，当社会革命党领导集团退出大会时，左派组成自己的独立党派，支持新生的苏维埃政权，成为全俄中央执行委员会中仅次于布尔什维克党的第二大党派。

1917年12月2日，左派社会革命党人召开第一次代表大会，宣布正式成立独立政党，声明以社会革命党成立时通过的党纲作为党的纲领。“左派”社会革命党成立后决定参加苏维埃政府，在人民委员会中接受了7个部长职位。在此后的3个月中，“左派”社会革命党与布尔什维克党密切合作，在解散立宪会议、农民代表苏维埃与工兵代表苏维埃合并等重大问题上支持布尔什维克党的立场。1918年3月，“左派”社会革命党因反对签订布列斯特和约而退出人民委员会。接着又反对布尔什维克党实行粮食垄断和建立贫农委员会的农村政策。1918年7月“左派”社会革命党在莫斯科发动武装叛乱，遭到苏维埃政府镇压。此后在彼得格勒等地和东部前线发动叛乱。“左派”社会革命党的这些行为在该党内部引起不满，一部分党员分裂出来成立自己的组织，有的后来加入布尔什维克党。1918年8月，“左派”社会革命党成立新的中央，并决定全党转入地下，继续进行反对苏维埃政权的活动。1919年夏，在地主复辟势力加紧向苏维埃政权进攻的形势下，“左派”社会革命党宣布停止反苏维埃政权的武装活动，提出走所谓“第三条道路”。1920年内战结束后继续进行反对苏维埃政权活动，12月，与乌克兰“左派”社会革命党合并成立联合“左派”社会革命党。该党由于已经失去农民群众的信任而名存实亡，1921年瓦解。

三、其他介绍

1. 无政府主义者

一种小资产阶级社会政治思潮，其基本观点是否定一切权威和任何形式的国家政权，主张个人绝对自由，幻想不经过无产阶级革命和无产阶级专政而建立一个没有国家的、完全平等和绝对自由的社会。这种思想以主观主义和个人主义的世界观为基础，反映在资本主义发展过程中一部分破产的小资产者的情绪和愿望，对马克思主义的传播和国际工人运动的开展起了很大的阻碍和破坏作用。列宁说，无政府主义是改头换面的资产阶级个人主义，它在否定政治的幌子下使工人阶级服从资产阶级政治。

2. 白卫军

在沙俄时代沙皇常被冠以“白色沙皇”之称，白色则成为皇室的代表颜色。白卫军，简称白军，是苏俄国内战争时期（1918—1920年）的一支武装力量。历史学家普遍认为白军没有一个统一组织，是一系列与红军相对立的军事组织的统称，主要由支持沙皇的保皇党、军国主义者、自由民主分子和温和社会主义者组成，主要将领有邓尼金、高尔察克等人。在十月革命爆发后，白军聚集各方面力量，试图打垮刚刚建立的苏维埃政权，但最终失败。1921年初被苏俄红军消灭。

3. 左派共产主义者

“左派共产主义者”，俄共（布）内1918年初出现的一个反对派集团。因其自称为“左派共产主义者”而得名，主要领导人有布哈林、皮达可夫、拉狄克等，还包括一些党中央委员、候补中央委员、人民委员以及地方党政负责人布勃诺夫、洛莫夫、奥辛斯基、普列奥布拉任斯基、斯图柯夫等。

1918年初俄国布尔什维克党内在缔结《布列斯特－立托夫斯克和约》问题的争论中出现的以布哈林为首的持有“左”倾观点的共产党人。1918年1月21日，列宁在有63人参加的中央委员会和党的干部会议上宣读了《关于立即缔结单独的割地和约问题的提纲》。由于苏俄同德奥集团于1917年12月3日在布列斯特·立托夫斯克进行的和平谈判拖延日久，德国大军压境，苏维埃俄国在政治、经济、军事等各方面都遇到极大困难，而原来期望很快爆发的德国革命并未成为现实，列宁放弃先前确定的坚持不割地、不赔款和承认民族自决权的和谈原则，主张接受德方苛刻的和平条件，立刻单独缔结屈辱的和约，以便赢得喘息时机，保存和巩固苏维埃政权。

讨论时，会上分成三派：赞成列宁提纲者15人；赞成托洛茨基的“宣布结束战争状态，让士兵复员回家，但不签订和约”（“不战不和”）策略者16人；主张继续进行所谓革命战争的“左派共产主义者”32人。左派共产主义者认为：俄国革命如果得不到国际革命的拯救就会毁灭；必须“结束同帝国主义德国的和平谈判，并且同世界各国所有持合法执照的强盗断绝一切外交关系”，“立即建立革命的志愿军，为国际社会主义的思想同全世界的资产阶级进行无情的战争”，一举实现世界革命；签订和约虽然能保持住自己的社会主义共和国，却会放弃国际运动的良机，为了国际革命的利益，即使丧失目前完全流于形式的苏维埃政权也是适当的。左派共产主义者以当时领导14个省党组织的党的莫斯科区域局为中心，得到彼得格勒、乌拉尔等党组织领导人的支持，先后出版了《共产主义者报》（彼得格勒，1918年3月5–19日，共出

11号）和《共产主义者》杂志（莫斯科，1918年4月20日至6月，共出4期）。以列宁为首的俄共（布）中央让争论各方都在报刊上阐明自己的观点，并且多次在党的会议上反复进行讨论，通过投票解决问题。结果，列宁派由少数变成多数，左派共产主义者由多数变成少数。1918年2月23日，布尔什维克党中央讨论德国提出的新的最后通牒时，列宁的主张为党中央所通过。同年3月3日签订了布列斯特和约。3月6–8日举行的党的第七次代表大会和3月14日召开的全俄苏维埃第九次非常代表大会认可和通过法律手续批准了布列斯特和约。

此后，左派共产主义者把主要注意力集中在国内政策问题上，发表了《目前形势的提纲》等文件。他们否定过渡时期的必要性主张立即“实行”社会主义，立即对全部工业企业实行国有化，立即实行农业集体化，反对利用国家资本主义，取消银行，废除货币，并且反对利用资产阶级专家。左派共产主义者犯了政治上、策略上的冒险主义错误，其原因来自他们错误的社会主义革命理论、主观主义、教条主义和小资产阶级革命性。从1918年末起，左派共产主义者相继承认了错误，积极参加了党和国家的工作。

第二节　由资本主义向社会主义过渡的大胆选择——国家资本主义

这一节主要包括“代引言”和“关于俄国现时经济”两部分。“代引言”是整个文章的引言，交代了从一般原则的角度来讨论俄国当时政策的基本背景。“关于俄国现时经济”，主要是说明1918年春和1921年春俄国的经济政策和经济状况。由此，通过一系列具体论述，得出了实施国家资本主义的必然性。其中《关于俄国现时经济》摘引自列宁1918年5月写的《论“左派”幼稚性和小资产阶级性》一文中的很长一段文字，不仅是在说明1918年春和1921年春的经济政策原则之间的直接继承关系，更为后面章节的论述提供了方法论基础。

一、国家资本主义在向社会主义过渡中的必要性及可能性

（一）苏维埃俄国的社会经济结构

1918年5月，列宁通过对当时苏俄经济结构成分的分析，

肯定了国家资本主义较之苏俄的经济情况是一个进步，论证了国家资本主义存在的必要性。

在《论粮食税》一文的开头，列宁直接抛出了粮食税问题，“粮食税问题在现时引起了特别多的注意、讨论和争论。这是完全可以理解的，因为它确实是当前情况下我们政策的主要问题之一。”[①]然而列宁并没有在开始就阐述什么是“新经济政策”或是“粮食税”，而是提出了要从“它的一般原则方面来加以考察”。此处的“一般原则”其实质就是认识粮食税问题的一种实践认知方法，列宁紧接着指出：“要看看我们现时正在勾画当前政策中某些实际措施图画的整个基本背景。”[②]这句话表明，列宁认为要弄清楚当前所实行的粮食税政策，就必须从这个政策所针对的具体客观现实环境中来认识。这样，列宁已经表明，要想认清粮食税的政策，就必须从现实出发，掌握一切从实际出发的方法。为了说明粮食税的合理性，列宁运用一切从俄国当时当地的实际出发的方法，首先分析了苏维埃政权在政治与经济上的关系，列宁在文中指出：

①《列宁全集》第41卷，人民出版社1986年版，第192页。
②《列宁全集》第41卷，人民出版社1986年版，第192页。

“看来，还没有一个专心研究俄国经济问题的人否认过这种经济的过渡性质，看来，也没有一个共产主义者否认过‘社会主义苏维埃共和国’这个名称是表明苏维埃政权有决心实现向社会主义的过渡，而绝不是表明现在的经济制度就是社会主义制度。”①即政权上的社会主义性和经济上的过渡性。接着列宁具体分析了“过渡”一词的含义，“那么过渡这个词到底是什么意思呢？它用在经济上是不是说，在这个制度内有资本主义的和社会主义的成分、部分和因素呢？谁都承认是这样的。”即经济上的多种成分的并存性，问题的关键就在这里。

为此列宁又详细分析了过渡时期的社会经济结构，并对其做出评价，其认为这些经济成分主要是：（1）宗法式的，即在很大程度上属于自然经济的农民经济；（2）小商品经济（这里包括大多数出卖粮食的农民）；（3）私人资本主义经济；（4）国家资本主义经济；（5）社会主义经济。

以上五种经济成分决定了苏维埃政权在经济上的过渡性质。而这些不同类型的经济成分是互相交织在一起的，显然，在一个小农国家内，其中占优势的是小资产阶级自发势力，因

①《列宁全集》第41卷，人民出版社1986年版，第196页。

为大多数甚至绝大多数耕作者都是小商品生产者。在当时的俄国，恰恰是这些人作为投机商通过对粮食进行投机活动，不断地破坏国家资本主义的外壳。“主要的斗争正是在这方面展开的。如果用‘国家资本主义’等这些经济范畴的术语来说，究竟是谁和谁进行这一斗争呢？按我刚才列举的次序，是第四种成分和第五种成分作斗争吗？当然不是。在这里不是国家资本主义同社会主义作斗争，而是小资产阶级和私人资本主义合在一起，既同国家资本主义又同社会主义作斗争。小资产阶级抗拒任何的国家干涉、计算与监督，不论它是国家资本主义的还是国家社会主义的。”[①]列宁指出这五种经济成分斗争的结果必然是以粮食税为内容之一的国家资本主义经济与社会主义经济共同反对小商品经济和私人资本主义经济。

（二）国家资本主义与社会主义的关系

为了更好地论证实行国家资本主义的可能性，列宁还分析论述了当时的国家资本主义与社会主义的关系。

列宁指出了小资产阶级的危害是不容忽视的，双方之间的斗争是你死我活的一场血战。列宁认为，拥有在战时用不正当

---

①《列宁全集》第41卷，人民出版社1986年版，第196–197页。

办法积累下巨额货币财富的小资产者们隐瞒财富，对社会主义和共产主义没有一丝信任。而这些小资产者们同时也是国家资本主义的敌人，他们想要利用这笔财富，来反对贫民，反对任何的国家监督，而这笔巨额资金又成为破坏社会主义建设的投机活动的基础。在我们与小资产者们的斗争中，或者是这些小资产者对我们屈服，“服从我们的监督和计算（只有把贫民，即多数居民或者说半无产者组织在觉悟的无产阶级先锋队的周围，我们才能做到这一点）”[①]，或者是我们失败，“这些小资产者必然地、不可避免地推翻我们的工人政权，就像那些正是在这种小私有者土壤上生长起来的拿破仑们和卡芬雅克们推翻了革命一样。问题就是如此。问题也只能是如此……”[②]

为了能清晰地说明当时的国家资本主义与社会主义的关系，列宁举了一个用简单数字来表示的例子。“假定说，一定数目的工人在几天内创造出为数1000的价值。又假定说，由于小投机活动，由于各种盗窃行为，由于小私有者逃避苏维埃的法令和条例，这个总数中的200消失了。每一个觉悟的工人都

①《列宁全集》第41卷，人民出版社1986年版，第197页。
②《列宁全集》第41卷，人民出版社1986年版，第198页。

会说：假如我从这1000中拿出300来就能建立起更好的秩序和组织，那我乐意拿出300，而不是200，因为在苏维埃政权下，既然秩序和组织会整顿好，既然小私有者对国家各种垄断的破坏会被彻底粉碎，那么以后减少这种‘贡赋’，比如说减到100或50，就会是轻而易举的事。”[①]列宁认为：“只要国家政权掌握在工人阶级手中，由于政权实际已转到工人手中而产生的法律上的可能性，在法律上有最充分的可能把1000统统‘拿到手’，即让每一个戈比（当时俄国辅助货币）落在社会主义用途上。那么国家资本主义将是一个巨大的进步；是使我们走向社会主义的最可靠的道路，哪怕我们要付出不菲的代价，但‘为了学习’是值得的。因为工人阶级一旦学会了怎样保卫国家秩序，一旦学会了怎样根据国家资本主义原则来进行全国性的大生产，那将会极大地巩固社会主义。”

在列宁看来，面对着小私有者和私人资本主义的自发势力破坏苏维埃法律规定，使经济处于混乱的状态，即使付给国家资本主义较多的贡款，也对工人阶级有好处。因为消除混乱状态、经济破坏和松弛现象是无比重要的，而继续小私有者的

①《列宁全集》第41卷，人民出版社1986年版，第198页。

无政府状态，则会葬送无产阶级的成果。国家资本主义不仅不会葬送社会主义，反而可以通过这一最可靠的道路走向社会主义。

（三）建设社会主义需要向文明的资本家实行赎买

伟大的革命导师马克思曾说："在一定条件下，对工人阶级来说，最适当的是'用赎买摆脱这个匪帮'。"[①]这里的"用赎买摆脱这个匪帮"就是指资本家匪帮，也就是说，从资产阶级手里赎买土地、工厂及其他生产资料。列宁在《论粮食税》一文中深刻理解了马克思关于向资本家实行"赎买"的实质，他认为马克思所处年代的英国拥有的一些特定条件使得"和平地"，即通过工人向资产阶级"赎买"来取得社会主义胜利的办法成为可能。至于变革的具体手段，马克思并没有提及，更没有束缚后人的手脚，因为马克思"非常懂得在变革时会有怎样多的新问题发生，在变革进程中整个情况会怎样变化，在变革进程中情况会怎样频繁而剧烈地变化"[②]。列宁认为当时俄国在政治制度和工人政权的力量方面比欧洲的任何其

①《马克思恩格斯全集》第22卷，人民出版社1990年版，第585页。

②《列宁全集》第41卷，人民出版社1986年版，第203页。

他国家都要先进，但是在经济的组织与文明程度、在物质和生产条件方面却比西欧最落后的国家还要落后。这后一方面不改变，就不可能走入社会主义。因此，列宁创造性地发展了马克思在19世纪70年代提出的对资产阶级"和平地"通过"赎买"的思想，由于俄国的情况与西方国家不同，俄国的工人阶级没有在人口中占绝对优势，俄国的资产阶级既没有高度的文明，也没有妥协的习惯。因此，对那些既不肯接受任何"国家资本主义"，也不想实行任何妥协，继续以各种手段来破坏苏维埃政权的"不文明"资本家，必须实行专政，坚决清理；而对那些确有才干和能力、愿意为苏维埃政权服务的"文明"资本家实行赎买，使他们能在这方面发挥积极作用。

列宁肯定了布哈林同意给予专家高薪的意见，但对布哈林支持"左派"共产主义者的做法提出了批评，因为"左派"共产主义者认为向资产阶级专家学习，吸引他们参与组织社会化大生产是阶级调和，是一种"妥协"。列宁认为少数人口中说的"妥协"的背后是对社会主义经济建设的曲解，政权问题是一切革命的根本问题。过去的"妥协"是指把政权拱手交给资产阶级，而现在的政权是由无产阶级牢牢掌握，没有任何

“不可靠的同路人”已不存在而且也根本不可能存在分掌政权和放弃无产者对资产阶级的专政问题。这时候再来谈什么“妥协”，其无异于是鹦鹉学舌，“只是简单重复一些背得烂熟但毫不了解其意义的词句”[①]。

二、国家资本主义在向社会主义过渡中的作用及意义

根据俄国当时当地的基本国情，列宁认为反对小资产阶级及其自发势力的斗争，是无法像法国大革命期间，法国小资产阶级革命家“通过处死个别几个（要犯）和颁布大批文告”的办法取得成功的，只有通过对产品的生产和分配实行计算和监督的办法，即实行国家资本主义，才能逐步战胜小资产阶级及其自发势力对苏维埃经济的破坏性。

第一，列宁认为“国家资本主义在经济上大大高于我国现时的经济”[②]，而当时俄国经济主要是小商品经济，即国家资本主义在经济上优于小商品经济。因为小商品经济不是属于

①《列宁全集》第41卷，人民出版社1986年版，第206页。
②《列宁全集》第41卷，人民出版社1986年版，第199页。

社会化大生产，而是一种小规模的、分散的和手工劳动、个体劳动联系在一起的小私有经济，其处于无政府的涣散状态，是破坏社会主义建设的投机活动的基础。而国家资本主义是和大生产联系在一起的，其在经济上大大高于小生产和私人资本主义，而且是一种无产阶级国家能够加以限制并规定其活动范围的资本主义经济，通过国家资本主义可以消除无秩序、经济破坏和松懈的现象。

第二，国家资本主义能够帮助工人阶级学会怎样保卫国家来反对小私有者的无政府性，从而消除小资产阶级自发势力所带来的负面影响。而无产阶级一经学会了怎样根据国家资本主义原则来整顿好全国性的大生产组织，社会主义的巩固就有了保证。

第三，国家资本主义是走向社会主义的“前阶”。列宁认为：“国家资本主义中没有任何使苏维埃政权感到可怕的东西，因为苏维埃国家是工人和贫民的权利得到保障的国家……”[①]不能把“资本主义”和“社会主义”简单的抽象的对立起来，要正视现实。在俄国当时的经济情况下，小资产阶

①《列宁全集》第41卷，人民出版社1986年版，第199页。

级资本主义明显处于优势，由这种资本主义走向社会主义，都是经过同一条道路，都是经过同一个中间站——国家资本主义，即文中所提到的“对产品的生产和分配实行全民的计算和监督”。社会主义无非是从国家资本主义垄断再向前跨进一步，而国家垄断资本主义则是社会主义的最充分的物质准备，是社会主义的“前阶”，是历史阶梯上的一级，在这一级和叫作社会主义的那一级之间，没有任何中间级。针对一些人的质疑，列宁进一步论证分析了国家资本主义其实没有什么可怕的，因为社会主义的实现要有两个条件：一个是社会经济条件，即建筑在现代科学最新成就基础上的大资本主义技术；“没有建筑在现代科学最新成就基础上的大资本主义技术，没有一个使千百万人在产品的生产和分配中严格遵守统一标准的有计划的国家组织，社会主义就无从设想”[①]。一个是政治条件，即无产阶级掌握国家政权。无产阶级若不在国家内占统治地位，社会主义也无从设想。在此，列宁在阐述国家资本主义时提及了一个具体的例子，即德国的国家资本主义“那里有达到‘最新成就’的现代大资本主义技术和服从与容克资产阶级

①《列宁全集》第41卷，人民出版社1986年版，第199页。

帝国主义的有计划的组织。”[1] 列宁在这里高度肯定了帝国主义形态下德国的国家资本主义的伟大成就，即先进的现代技术。但是列宁紧接着写道：“如果把这些黑体字删掉，不要军阀的、容克的、资产阶级的、帝国主义的国家，同样用国家，然而是另一种社会类型、另一种阶级内容的国家，苏维埃国家，即无产阶级国家来代替，那你们就会得到现实社会主义所需要的全部条件。”这里已经明确表明，列宁再次否定了资产阶级的国家政权而肯定了其生产方式，肯定了无产阶级的国家政权而否定了其生产方式。

列宁在探索中区分了两种国家资本主义，即资产阶级国家的国家资本主义和无产阶级国家的国家资本主义。前者受资产阶级国家监督，有利于资产阶级。后者受无产阶级国家监督，有利于无产阶级。后者并不可怕，因为从政治上看，政权掌握在工人阶级手中；从经济上看，剥夺了地主和资产阶级，国家掌握大工业和运输业；国家给资本主义活动的范围是十分“适度”的。“我们在苏维埃内把社会主义国家和无产阶级专政体现得愈充分，我们就应该愈不惧怕‘国家资本主义’。”

①《列宁全集》第41卷，人民出版社1986年版，第199页。

三、国家资本主义在向社会主义过渡中的实现形式

列宁在科学分析俄国的政治、经济、文化等物质条件和社会基本矛盾的基础上，从理论与实践的结合上，就“苏维埃无产阶级专政同国家资本主义的结合、配合、混合”进行了大胆探索，列宁指出，在过渡时期私人资本和小资产阶级自发势力广泛存在而社会主义经济还不够强大的情况下，苏维埃国家要想胜利地建成社会主义，“全部问题无论是理论上的还是实践上的问题在于找出正确的方法，即应当怎样把不可避免的（在一定程度上和一定期限内不可避免的）资本主义的发展纳入国家资本主义的轨道”[①]。他认为无产阶级专政同国家资本主义结合、联合和并存是可能的，具体办法就是通过苏维埃政权把资本主义的发展纳入国家资本主义的轨道。列宁进一步指出了把资本主义发展引导到国家资本主义轨道的具体途径和形式。

（一）关于租让制

租让制是一种普遍而有效的形式，是最简单的即同外国资

①《列宁全集》第41卷，人民出版社1986年版，第211页。

本家订立书面合同的形式，它的基础是大工业。租让制政策获得成功，就会使苏维埃国家获得为数不多却具有现代先进资本主义水平的模范的大企业。关于租让制的性质和内容，列宁指出："就各种社会经济结构及其相互关系来看，苏维埃制度下的租让制是什么？这就是苏维埃政权，即无产阶级的国家政权为反对小私有者的（宗法式的和小资产阶级的）自发势力而和国家资本主义订立的一种合同、同盟或联盟。"①

关于租让制的形式，列宁讲到了两种，一种是对国内资产阶级实行的租让制承租人是资本家。国家把某一企业或一定的资源租让给私人资本，让其按照资本主义生产方式经营。租让以后资本家得到了他所预期的利润或超额利润，苏维埃政权获得的利益，就是发展生产力，就是立刻或在最短时间增加产品数量。同时实行租让制，还使苏维埃政权取得了控制和改造小生产者避免私人资本迅速膨胀的效果。这正如列宁所指出的："苏维埃政权'培植'租让制这种国家资本主义，就是加强大生产来反对小生产，加强先进生产来反对落后生产，加强机器生产来反对手工生产，增加可由自己支配的大工业产品的数量

①《列宁全集》第41卷，人民出版社1986年版，第212页。

（即提成），加强由国家调整的经济关系来对抗小资产阶级无政府状态的经济关系。”①

苏维埃国家实行租让制的另一种形式就是同经济发达的西欧资本主义国家或这些国家的资本家直接订立正式的书面合同。对西欧资本主义国家实行租让制必须经过深思熟虑反复权衡。对外国资本实行租让制，当然要使外国资本家得到一定的好处。为此苏维埃国家要付出一定的代价，如将某些资源和产品在一定期限内交给国外资本家支配等等，蒙受一定的损失。但是这种暂时的代价和损失却可以使苏维埃国家获得自己所缺少的资金、技术和设备从而得到建立和壮大社会主义经济的物质技术基础。因此，在对国外资本家实行租让时，问题不在于苏维埃国家是不是需要付出代价，而在于要经过全面地、科学地分析论证，确切地知道自己的利益和损失，自己的权利和义务，以及赎回的期限，并尽可能使这一期限提前。

总之，“我们给世界资本主义一定的‘贡赋’，在某些方面向他们‘赎买’，从而立刻在某程度上使苏维埃政权的地位

①《列宁全集》第41卷，人民出版社1986年版，第212页。

得到加强使我们经营的条件得到改善。”[1]列宁认为，能否使租让制对无产阶级有利无害，取决于力量对比和斗争。因此，租让制是阶级斗争在另一种形式下的继续。

（二）国家资本主义的其他形式

为了更好地配合粮食税的实行，列宁要求党和苏维埃机关的工作人员，要善于把与“租让制”的国家资本主义相类似的政策的原则、原理和基础，运用到自由贸易以及其他经济领域中，去建立各种形式的国家资本主义来为发展社会主义经济服务。列宁具体提到了租让制之外的其他三种可供选择的国家资本主义的形式，分别是合作制、代购代销制、租赁制。

合作制，指作为一种商业形式的小商品生产者合作社，主要是将革命前就比较普遍存在的小资产阶级和资产阶级性质的合作社利用起来，在苏维埃政权机构监督下从事商品的收购、加工、交换等业务，把千百万分散的居民联合起来，组织起来，进而向社会主义过渡。它的基础是小生产。从合作制的作用上看，它比私人企业更有利。租让制成功，国家就会获得为数不多，但却具有先进水平的大企业；而合作制的成功，就会

①《列宁全集》第41卷，人民出版社1986年版，第213页。

把小生产发展起来，在将来自愿联合的基础上过渡到大生产，进而过渡到社会主义。在当时苏联小商品生产者和私人资本在国民经济中占优势的情况下，在主要由小商品生产者以及一部分较小的资本家参加的合作经济中，必然会由自由竞争和两极分化而产生出小资产阶级的、资本主义的关系，使小资本家得到很大的利益。但是苏维埃政权不应由于这一点而惧怕采用合作制。列宁写道："但在苏维埃政权下，合作制资本主义和私人资本主义不同，是国家资本主义的一个变种，正因为如此，所以目前它对我们是有利的，有好处的，当然这只是在一定程度上。"

列宁把合作制和租让制相比，并指出它有几个特点或优点：首先，合作社的建立，使国家便于对参加合作社的小农和小资本家的经济活动，直接进行计算、监督、监察或通过订立合同的办法加以控制。其次，"由于合作社便于把千百万居民以至全体居民联合起来，组织起来，而这种情况，从国家资本主义进一步过渡到社会主义的观点看来又是一大优点。"[①]再次，如果说实行租让制，是由私人资本主义大生产向国家资本主义大生

①《列宁全集》第41卷，人民出版社1986年版，第214页。

产过渡，它所涉及的只是一个个单个企业和单个资本家，而合作社则包括千百万个小业主。因此，“由小业主合作社向社会主义过渡，则是由小生产向大生产过渡，就是说是比较复杂的过渡，但是它一旦获得成功，却能包括比较广大的居民群众，却能把根深蒂固的旧的关系，社会主义以前的，甚至资本主义以前的即最顽强地反抗一切‘革新’的那些关系彻底铲除。”[①]

代购代销制，指国家把作为商人的本国资本家吸引过来，付给他们一定的佣金，由他们来销售国家的产品和收购小生产者的产品。

租赁制，指国家把国有企业或油田、林区、土地等租给本国企业资本家，出租对象多为中小企业。这种租赁合同与租让合同极为相似。列宁强调指出，后两种国家资本主义形式根本没有人注意过。由于未引起人们应有的注意更未全面付诸实施。

为了使人们正确认识和对待国家资本主义，列宁批评了苏俄当时流行的一些议论，比如“资本主义是祸害，社会主义是幸福”[②]，列宁认为，这种议论忘记了现存的各种社会结构的

①《列宁全集》第41卷，人民出版社1986年版，第215页。
②《列宁全集》第41卷，人民出版社1986年版，第217页。

总和，而只从中抽出资本主义和社会主义两种成分进行比较，也应该把资本主义和小生产比较。列宁指出：“资本主义同社会主义比较是祸害，但同宗法式经济、同小生产比较则是幸福；既然还不能实现从小生产到社会主义的直接过渡，作为小生产和交换的自发产物的资本主义在一定程度上就是不可避免的，所以应该利用资本主义作为小生产和社会主义之间的中间环节，作为提高生产力的手段。诚然，和社会主义比较，资本主义是祸害。但和中世纪制度、和小生产及和小生产者散漫性联系着的官僚主义比较，资本主义则是幸福。资本主义则是幸福。”在这段论述中，贯穿了认识资本主义的科学方法论，即应当把资本主义放在当时社会经济结构的总和中，放在历史发展过程中进行考察，不要只把资本主义与社会主义抽象地对立起来。

四、向资本家学习的问题

列宁认为建设社会主义需要“利用资本家的手”，向资本家学习，做文明的商人。“如果你们不能利用资产阶级世界留给我们的材料来建设大厦，你们也就根本建不成它，你们也就不是共产党人，而是空谈家。”

学习资本主义，建设社会主义；利用资本主义，建设社会主义是一个学习的过程；除此之外，无产阶级政党、无产阶级政权和工人阶级还必须学习资本主义，学习资本主义发展社会化大生产的经验、知识、技术、管理方式、方法、组织形式；学习资本主义管理国家的技巧；学习资本主义办国民教育、提高人民素质的技巧。学习利用资本主义是必须的，同时又要付出代价，但并不可怕。最终的目的是发展社会主义的生产力。学习利用资本主义，通过竞赛战胜资本主义。

为了学会管理生产，列宁提出要向那些有知识的专家和有组织大企业经验的资本家学习。在《论粮食税》一文中，列宁强调的不是社会主义与资本主义的对立，而是二者的联系，要求“不要害怕资本主义”，强调“很多东西可以而且应当向资本家学习”。他指出，在经济方面，我们应当大胆承认，还有很多东西可以而且应当向资本家学习。在论及用粮食税代替余粮征集制问题时，列宁写道：“要努力循着扩大农业和工业间的流转这一方向来指导合作社来帮助小工业来发挥地方的主动性和创造性。我们还很不善于作这件事，官僚主义就是一个证明。我们应当大胆承认在这方面还有很多东西可以而且应当向资本家学习。”[①]列宁还建议按省、县、乡、村为单位分别计算私人资本、合作社和国营经济的利润，把私人资本在经济上取得成绩，看作我们对之付出的“学费”，从而向资本家学习组织生产经营的本领。从列宁的论述中可领会到，只有不怕它，才能学习、利用它，才能赶上、超过它，并建成社会主义，从而立于不败之地。列宁的这些论述都是很有见地的，在当前对我们当今建设和完善社会主义市场经济仍是有意义的。

第三节　不要害怕“向资本家学习”——对新经济政策的相关论述

这一节主要包括粮食税、贸易自由、租让制。该部分是《论粮食税》的主体部分，也是文章中字数最多的部分。同时粮食税、贸易自由、租让制也是新经济政策的主要内容。

---

①《列宁全集》第41卷，人民出版社1986年版，第220页。

一、新经济政策的启动点——改余粮收集制为粮食税

粮食税是新经济政策的启动点，是从“战时共产主义”向正常的社会主义的产品交换过渡的一种形式。

（一）以粮食税代替余粮收集制的迫切性

列宁在分析促成废除余粮征集制为粮食税这一农村经济政策重大改变的历史背景和根本原因之前，指出当前俄国社会结构与1918年相比基本相同，只是农村情况在那以后有了更大的变化，“农民中的‘贫民’（无产者和半无产者）在很多场合下变成了中农。因此，小私有者的、小资产阶级的‘自发势力’加强了”[①]。并坦承1918年关于在估计经济的恢复和经济的社会主义改造的期限方面的论断有诸多失误，实际期限远远超过了预估。由于国民经济遭到国内战争更加严重的破坏，生产力下降，这就使期限更长了。

随后列宁分析了用粮食税代替余粮收集制的历史背景以及根本原因。经过1918—1920年的国内战争使苏维埃共和国的国

①《列宁全集》第41卷，人民出版社1986年版，第206页。

民经济遭到很大破坏，生产力发展缓慢，甚至出现倒退。特别是在农村战争结束以后，余粮征集制使农民的生产积极性受到很大挫伤，加之1920年许多地方遭受严重的自然灾害，农业歉收、饲料缺乏、牲畜死亡，农民的生活状况恶化。在一部分农民群众中开始产生对苏维埃政权和工人阶级的不满情绪。由于农民的生产积极性不高，农村生产力下降，这就严重影响了城市的粮食、燃料和其他农产品的供应，从而使整个国民经济和人民生活都面临着极大的困难。因此，列宁依据马克思主义关于农业是国民经济的基础的原理，从俄国客观的政治形势和经济形势出发，明确指出，恢复和发展国民经济应当首先从发展农业，改善农民生活状况开始。他说："结果，1921年春天形成了这样的政治形势，要求必须立刻采取迅速的、最坚决的、最紧急的办法来改善农民的状况和提高他们的生产力。"

也许有人会质疑，为何要改善农民的生活状况而不是工人的生活状况？对于这个问题，列宁是这样回答的："因为要改善工人的生活状况，就需要有粮食和燃料。从整个国家经济的角度来看，现在最大的'阻碍'正是这方面引起的。要增加粮食的生产和收成，增加燃料的收购和运输，非得改善农民的生活状况，提高他们的生产力不可。应该从农民方面开始。”[①] 当时俄国的国家经济最大的“阻碍”就是严重缺乏粮食和燃料。如果说改善工人的生活状况是最终目的的话，那么改善农民生活就是实现这个目的的其中一个关键环节。

正因为如此，无产阶级在制订经济政策时，必须把调动农民的生产积极性放在第一位，把恢复和发展农业生产作为改善整个经济工作的始点。列宁指出：“现在最迫切的就是采取那种能够立刻提高农民经济生产力的办法。只有经过这种办法才能做到既改善工人生活状况又巩固工农联盟巩固无产阶级专政。”而提高农民生产力的主要途径就是改变粮食政策，取消战时共产主义的余粮征集制，实行同贸易自由相联系的粮食税制度。

（二）粮食税的实质

随后，列宁又论述了用粮食税代替余粮征集制这一政策的实质。他指出：“粮食税是从极度贫困、经济破坏和战争迫使我们所实行的特殊的‘战时共产主义’向正常的社会主义产品交换过渡的一种形式。而正常的社会主义的产品交换又是从带

①《列宁全集》第41卷，人民出版社1986年版，第207页。

有小农占人口多数所造成的种种特点的社会主义向共产主义过渡的一种形式。”

此外，列宁在《论粮食税》中第一次使用“战时共产主义”这一术语来概括国内战争时期被迫采取的一整套措施，并对之前以余粮收集制为核心的“战时共产主义”政策作出了相对客观的评价，一方面，肯定了其在特殊时期的独特贡献，明确指出在国内战争年代里实行战争共产主义的余粮征集制对于支持战争取得胜利，战胜地主、资本家及其反动武装力量起了巨大的作用是“一种功劳”。另一方面，列宁也提到：“但同样必须知道这个功劳的真正限度。”这毕竟是一种战争和破坏迫使苏维埃政权不得不采用的临时办法，把它作为过渡时期的一项适应无产阶级经济任务的政策是不合时宜的。

以余粮收集制为核心的“战时共产主义”政策不但脱离了当时俄国的基本国情，而且违背了客观经济规律，更违背了人民群众的意愿，最后必然受到经济规律的惩罚。相反，实行粮食税之所以正确，是因为它适合当时的俄国国情，符合客观经济规律，符合人民群众的根本利益。

对战时共产主义的评价，国内外学者向来看法不一。列宁对“战时共产主义”的评价总的来说是两点论，既认为它是在战争条件下被迫采取的，保卫住了苏维埃政权，又提出战时共产主义政策不是适应无产阶级经济任务的政策，必须知道这个功劳的真正限度。当然，战时共产主义下采取的某些措施并非由于战争所迫，而是被当作从资本主义向社会主义过渡的最好途径。列宁在总结苏俄社会主义建设的经验教训时曾谈到，在苏俄那样一个经济和文化相当落后、小农占优势的国家，向社会主义过渡不能是“直接的”，而只能通过迂回曲折的途径、利用一系列中间环节、渐进地缓慢地达到社会主义。

20世纪80年代中期，我国史学界掀起了一次研讨战时共产主义政策的高潮，其中形成了三种不同的意见。

基本持否定态度，持这种意见的以复旦大学的姜义华为代表，他认为，战时共产主义是“十足的农业社会主义”，是旧俄国专制主义长期统治下形成的政权万能论，以及宗法式的情绪对无产阶级革命家的头脑侵袭的结果。杜立克也认为，布尔什维克党在战时共产主义时期采取的办法是完全错误的，是由于党的一些领导人为热情的浪潮所激动，试图用无产阶级的国家法令，在一个小农国家里按共产主义原则来调整国家的生产和分配。此外，也有人认为战时共产主义政策“成绩有限，错误严重”。

持肯定态度，这种观点以北京大学的谢有实为代表，他认为战时共产主义政策不是超越了客观历史阶段，而是战时客观现实的反映和需要，是特殊历史条件下的产物。它保全了社会最主要的生产力——工人和广大劳动群众，保全了遭受战争破坏的工业，为恢复生产保全了前提条件。战时共产主义不是农业社会主义。另外，许多人的文章也强调，战时共产主义政策动员了全国的人力、物力供应前线，保证了战争的胜利，从而巩固了十月社会主义革命的成果，保卫了国家独立。

持具体分析的态度，人数较多。王斯德、叶书宗认为，否认战时共产主义的历史作用，把它看成是造成当时种种灾难性后果的根源是离开了历史的分析。战时共产主义有两个不同的阶段：前期是从1918年6月到1919年底，主要为了适应战争需要；后期是从1920年到1921年初，此时才把适用于战争环境的特殊措施，用来进行经济恢复和经济建设，以便“直接过渡”到社会主义。张培义指出，由于战时共产主义政策实施的不同阶段，因而它具有双重性：一方面，这些措施产生于战争环境，使国家能集中人力、物力，保证了战争的胜利；另一方面，由于领导人企图借助这些措施实现向社会主义过渡，最后造成严重后果，引起人们强烈不满和生产力下降。此外，张驰、黄济福都具体分析了战时共产主义政策的历史功过和经验教训。

二、关于贸易自由

在《论粮食税》中列宁已经论述了“战时共产主义”政策并不适合作为新时期的政策，那么下一步到底该怎么办？列宁接着指出，在小农经济占优势的国家里适应无产阶级经济任务的正确政策是“用农民所必需的工业品去换取粮食。只有这样的粮食政策才能适应无产阶级的任务，只有这样的粮食政策才能巩固社会主义的基础，才能使社会主义取得完全的胜利”[①]。但是在俄国当时的困难条件下国家拿不出足够的工业品去向农民换取所需要的全部粮食。在这种情况下，军队和工人最必需的粮食只能以税收的形式向农民征集，国家所需要的其余粮食则用工业品去向农民相交换。粮食税其实就是向这种粮食政策的过渡。在这里实际上城市和农村之间、工人阶级和

①《列宁全集》第41卷，人民出版社1986年版，第209页。

农民阶级之间的经济联系有两条途径：一是通过征收粮食税的形式向农民无偿地获取一部分粮食；二是用工业品通过商品交换的形式向农民取得另一部分粮食。而后一种途径，其直接结果就是在“战时共产主义”时期已经取消的商品贸易自由重新恢复。

在当时俄国私人资本主义经济和小资产阶级自发势力广泛存在的情况下，实行粮食税、开展工农业产品之间的自由贸易，在促进工农业生产恢复和发展的同时，也不可避免地产生一些副作用，即不可避免地会使资本主义在一定程度和范围内得以恢复和发展。这首先是因为历史上资本主义就是在小商品生产和交换的基础上发展起来的，国家允许农民把纳税后的余粮投入自由贸易，必然会推动小商品经济的发展；其次，由于国家恢复经济首先要从那些不需要机器、大批原料、燃料和粮食储备的小工业着手，国家不得不将一些已经国有化的小企业出租给私人或合作社经营，并允许私人经营商业，这也必然会使小资产阶级和资本主义在一定程度和范围内复活。

既然小资产阶级和资本主义在一定程度和范围内复活是不可避免的，或者是试图完全禁止、堵塞一切私人的非国营的交换的发展，即资本主义的发展，但“一个政党要是试行这样的政策，那它就是在干蠢事，就是自杀”[①]。针对当时仍然存在的战时共产主义问题上的某种思想僵化的表现，列宁又说明了为什么在新的条件下，继续实行这个政策对党来说就是愚蠢和自杀。这是因为在过渡时期社会主义经济成分尚未占优势的情况下“既然有交换，那么小经济的发展就是小资产阶级的发展就是资本主义的发展”[②]。但是苏维埃国家绝不因为有上述可能性，而禁止贸易自由即禁止商业的发展。因为工农业生产是以流通为媒介的，没有商业做媒介，工农业生产就不可能恢复发展。工农业生产不能恢复、发展苏维埃政权就将失去存在的基础，所以试图禁止贸易自由的政策只能是愚蠢的自杀政策。至此列宁提出了一个两难推理，社会主义俄国要改善农民的生活，提高农业生产力，从而达到恢复和发展被战争破坏的国民经济，其最合理的政策是用社会主义工业生产的小农所需要的全部产品向小农交换粮食和原料，但是当时的社会主义工业不具备这样的物质基础和生产能力。假如采取完全禁止堵塞一切

①《列宁全集》第41卷，人民出版社1986年版，第210页。
②《列宁全集》第41卷，人民出版社1986年版，第210页。

私人的非国营的交换的发展，这一似乎很“革命”的政策，非但不能发展农业经济，反而是苏维埃政权的愚蠢、自杀行为。为此，列宁指出，实行自由贸易在有千百万小生产存在的条件下是不可避免的。

三、反对官僚主义

在从粮食税、贸易自由等多个方面阐明了新经济政策的主要内容、意义和客观必然性之后，列宁又以较多篇幅集中论述了关于实行新经济政策的思想方法和工作方法，特别是反对官僚主义问题。

列宁十分重视反对官僚主义。在《论粮食税》中列宁论述了，官僚主义在苏维埃制度内部部分地复活起来的可能性，以及与之斗争的必要性、紧迫性。他指出，官僚主义的经济根源有两种。一种是建立在资本主义基础上的资产阶级的官僚机构。例如军事机构和法庭等官僚机构，我们的军队和法庭是反资产阶级的阶级军队和法庭，所以并不存在这种现象，而官僚主义则是在为军队服务的机关里存在。另一种是苏维埃国家产生的，建立在小生产的分散性和散漫性，以及随之而来的工农业产品之间的交换不发达，人民群众贫困、落后等基础上的官僚主义。

沙皇时期的俄国是一个社会生产力发展极端低下的、经济发展极其缓慢的、小农经济占主体的并且旧时封建残余与资本主义在一定程度上相结合的畸形国家。俄国的这种特殊国情在十月革命以后，虽有转变，但也没有得到根本上的改变——小农经济在工人阶级掌握政权的苏维埃俄国中仍然占着主体地位。与此同时，十月革命胜利以后，接踵而来的、连续不断的国内战争及外敌入侵，国民经济几乎没有任何喘息、调整的机会。在这种相对封闭的环境里，苏维埃国家机关工作人员身上也就难免会出现小商品生产者的分散性和散漫性的特点。各级官员身上因循守旧、懒散怠惰、办事拖拉、互相推诿、不讲效率的官僚主义气息也屡见不鲜。为此列宁提出同官僚主义祸害作斗争的使命。他指出，苏维埃国家在国内战争时期，国内外敌人的包围之中，产生的官僚主义是小生产者散漫性和萎靡状态的上层建筑。党和苏维埃政府“应当大胆承认这一祸害以便更坚决地同它作斗争”[①]。列宁指出，官僚主义有来自地方政

①《列宁全集》第41卷，人民出版社1986年版，第219页。

权的，也有中央机关的，但后者的严重程度和危害性比前者要大得多。“农民愈分散，中央机关的官僚主义也就愈难避免”[①]。为此，我们可以赶走沙皇，赶走地主，赶走资本家，我们已经做到了这一点。但是，在一个农民的国家中，却不能“赶走”、不能“彻底消灭”官僚主义。

因此，如何同官僚主义作斗争呢？列宁在《论粮食税》中主要讲了这样几个方面：在同官僚主义作斗争中，要帮助中央机关来做比较彻底的改善，帮助它增加大批新生力量，帮助它有成效地与官僚主义作斗争，帮助它克服有害的因循习惯，这种帮助应当来自地方、来自下层；是在组织上改善机关，经常不断地从地方和下层把那些新的年轻的有朝气的共产主义力量提拔上来；是要求机关工作人员多深入实际，多积累和研究各种各样的实际经验，推动新经济政策的正确实行。

在《论粮食税》中提到的反官僚主义的思想，只是列宁关于反对官僚主义理论的一部分，列宁的反对官僚主义理论远远不止于此。在此，为了让读者更好地理解《论粮食税》中关于

①《列宁全集》第32卷，人民出版社1985年版，第42页。

反官僚主义的思想，我们来为大家简单介绍一下列宁关于反官僚主义的思想精髓。

（一）反对官僚主义思想的背景

在列宁带领下，布尔什维克党在取得十月革命伟大胜利之后，布尔什维克政党除了要领导工农联盟巩固新生的脆弱的苏维埃政权、大力进行社会主义经济建设，而且也面临着加强自身建设的一系列难题。

十月革命前后，布尔什维克党由过去处于被临时政府打压的非执政党变为了俄国国内唯一的执政党，其政治地位发生了根本性的变化。因此，党制定的每一项决策、所采取的每一项具体的方针和政策，都直接关系到国家的前途与命运、人民的幸福安康、社会主义事业的成功与否。这就对执政党提出了更高的要求，只有不断地加强执政党建设，使之成为社会主义事业的坚强核心，才能担负起国家不断繁荣富强、建设社会主义的历史重任。

在布尔什维克党成功夺取政权成为执政党以后，党在执政的条件下如何加强自身建设已经成为一个亟待解决的重大问题。旧时的封建官僚、地主、反对派等各种投机者，想方设法混入党内成为手持党证的伪党员，处处只想着利用党证为己牟利。与此同时，在布尔什维克党夺取政权成为执政党以后，党员的政治地位以及周边社会环境也发生了翻天覆地的变化。一些党员渐渐开始脱离群众，官僚主义气息越来越重。这些都严重地影响了党的纯洁性，削弱了党的战斗力，破坏了党与人民群众血肉相连的紧密关系。官僚主义的出现，对执政党来说是一次严峻的考验，列宁正是看到了这一点，在革命的各个时期都没有停止对官僚主义产生的根源及危害进行深刻的分析，并不断地提出预防措施。

（二）官僚主义滋生的根源

列宁领导下的布尔什维克党历经千辛万苦才取得了十月革命的伟大胜利，成立了工人阶级自己当家作主的全新的苏维埃政权，而本该代表最先进生产关系的布尔什维克政党和苏维埃政权内部为何也没能够避免官僚主义的死灰复燃？列宁认为其原因，除了在《论粮食税》中已经提到的经济根源，还有以下几个方面。

首先，是历史根源。沙皇时期的俄国是一个半封建半资本主义的畸形的相对落后的帝国主义国家。资本主义与旧时封建残余畸形的结合，造成了资本主义在这个国家发展很不充分，在国家各个角落都深深打上了封建专制的印记。在这种制度下旧时官员的官僚主义气焰嚣张到了极致。列宁对此深恶痛绝，曾十分愤怒地抨击过这种行为：“官吏的为所欲为、横行霸道和人民本身的毫无发言权，使这些官吏穷凶极恶地滥用职权和侵犯平民百姓的权利达到了任何一个欧洲国家几乎都不可能有的地步。”[①] 十月革命推翻了沙皇的统治，打碎了欺压百姓的万恶的旧王朝，废除了昔日畸形的官僚制度。然而官僚主义并没有随着沙皇时代的灭亡而彻底消亡，它继续隐藏在阴影之中，一有机会就会死灰复燃。为了保卫新生政权，大批优秀的布尔什维克党员干部被调往前线与敌作战，大后方又严重缺乏管理人才，迫不得已下留用了许多旧时的基层官员、小吏来协助管理。官僚主义就悄悄地随着这些人的留任侵蚀着新的国家政权。在列宁看来，这些人物进入苏维埃政权体系之后，想方设法入党，伪装成共产主义者，实行官僚主义为自己牟利。官僚主义逐渐在苏维埃制度内部复活了。

其次，是政治根源。1918年下半年开始，由于发生了国

①《列宁全集》第2卷，人民出版社1984年版，第83页。

内战争及外国帝国主义的武装干涉，布尔什维克党和苏维埃国家的工作实行了经济上的高度集中与政治上的高度集权的“战时共产主义”政策。而这种高度集权，处处充满计划指挥的体制，在当时看来是十分必要的，但也造成了恶劣的后果，人民民主被削弱，政党建设被忽略，劳动者的生产积极性大大降低。在战争期间由于这种特殊的体制，地方政府的行政职能与党委的职权没有得到明确的区分，常常混到一起，甚至出现了党包办一切的现象。这就导致一些政府行政部门以及工作人员每天无所事事、拖拉作风、瞎指挥等现象也随即产生了。为此列宁还专门提到：“在我们党同苏维埃机关之间形成了一种不正确的关系……有些具体的小事情都搬到政治局去解决了……一切问题都从人民委员会搬到政治局来了。”[①]官僚主义在国家机关中肆意横行，形成了国家机关不再为人民服务，人民反而为国家机关服务的荒谬现象。

再次，是文化根源。沙皇时期的俄国是自给自足的小农经济，农民长期与世隔绝、文化极其落后，文盲占人口的绝大多数，这就使人们的思想受到束缚，而得不到解放，这种状况在

①《列宁全集》第4卷，人民出版社1984年版，第653页。

短时间内是不可能改变的，落后的思想文化对社会的发展产生了一定的阻碍作用。列宁深刻指出：“我们深深知道，俄国文化不发达是什么意思，它对苏维埃政权有什么影响；苏维埃政权在原则上实行了高得无比的无产阶级民主，对全世界作出实行这种民主的榜样，可是这种文化上的落后却限制了苏维埃政权的作用并使官僚主义制度复活。”[①]这就是说，广大人民群众受文化水平不高所累，不能很好地对政府机关及其工作人员实行有效的监督;而被选入国家机关工作的群众代表，文化素质低下，管理经验缺乏，也难免会犯官僚主义的错误。所以，文化落后显然也是官僚主义滋生的一个原因。

（三）官僚主义的危害

列宁把官僚主义看作是苏联党和人民的“三个敌人”之一，并在其著作中多次深刻地揭示了官僚主义带来的危害。列宁严厉地指出：“党和政府机关一切工作中最大的毛病就是官僚主义，共产党员成了官僚主义者，如果说有什么东西会把我们毁掉的话，那就是这个。”[②]列宁对官僚主义的危害进行了

①《列宁全集》第36卷，人民出版社1985年版，第50页。
②《列宁全集》第35卷，人民出版社1985年版，第52页。

总结和概括。

首先，官僚主义严重破坏和削弱了党同人民群众的血肉联系。一些官员错把自己当作人民群众的“父母官”，在人民群众面前摆架子、显威风、耍官僚主义作风，这些行为必然会影响到党群关系。列宁认为，官僚主义最容易导致执政党脱离人民群众，是最可恶的敌人。

其次，社会主义制度优越性被官僚主义严重影响和淡化了。社会主义制度最大的优越性就是人民当家作主，而官僚主义却压制社会主义民主，降低社会和经济运行效率，损害公平，危害社会稳定，严重阻碍了社会主义制度优越性的充分发挥。

最后，官僚主义对苏维埃俄国建设社会主义的道路是一种威胁。列宁在生命的最后岁月里心中最放心不下的就是这个问题。列宁在其政治遗嘱《给代表大会的信》中写到了担心党的最高层可能发生不和，进而导致分裂，而这种分裂最坏的结果就会导致党和国家的分裂。造成这种局面的内在原因则是党的最高层受官僚主义侵蚀。列宁认为受官僚主义侵袭的苏维埃国家政权，必将影响到苏维埃政权的性质，而苏维埃政权性质一旦改变，苏维埃国家社会主义发展的道路就会出现动摇。

（四）克服官僚主义的措施

列宁在十月革命胜利以后，不光对官僚主义产生的根源及危害进行了深入的调查研究，在对于如何抑制消除官僚主义方面也同样作出了许多在今天看来依然具有相当价值的探索。列宁认为只靠单一的办法很难有效地同官僚主义作斗争，必须多管齐下，综合治理。

第一，必须注重不断加强党建工作。列宁认为党是苏维埃政权的核心，担负着建设社会主义伟大实践的重任，不断加强党建工作，对巩固工农联盟以及维护和巩固工人阶级当家作主的政权性质具有决定性意义。列宁强调，认真开展党建工作，各级党员必须大力提高党的马克思主义水平，全党同心同德；努力保持党员队伍的纯洁性，而对于钻入党内的野心家、阴谋家和不愿为党奉献只想着自己个人私利的人，则必须使用清党的办法把他们清除出去；除此之外，还必须不断强化民主集中制，推行集体领导，改进党的工作作风，正确处理好党政关系和党群关系。

第二，要注重提高人民文化水平。一个国家居民的整体文化素质提高，是国家不断前进的有力保障。不论是资本主义制度还是社会主义制度，提高居民文化水平都是极其重要的。列宁一直十分注重先进文化的探索，实施新经济政策后，列宁开始发现提高人民群众文化水平，不仅有利于推进文化的不断发展繁荣，对于解决官僚主义问题也是一剂良药。随着十月革命的胜利，由于种种原因，大批旧式官员流入新生的苏维埃政权。他们想方设法地拿到“党证”，表面上把自己伪装成共产主义者，暗地里满足着官僚主义的气息。于是造成了“把他们赶出门外，他们又从窗户飞进来”的混乱局面。而之所以会出现这种尴尬局面，究其原因主要是新生政权缺乏大量的高素质、高文化水平的管理人才。在《劳动国防委员会给各地方苏维埃机关的指令(草案)》中列宁提到：“我们知道，官僚主义和拖拉作风主要是同文化水平低、战争所造成的严重经济破坏和贫困等后果有关的。同这种弊病作斗争只有经过多年的顽强努力才能取得成效。”为此，一方面，各级党政机关工作人员要不断加强理论学习，努力提高文化水平和管理经验，并将其灵活地运用到具体的工作实践中去，以达到消除官僚主义的目的。另一方面，广大人民群众也要积极努力提高文化知识水平。列宁说过："文盲是永远被排除在政治和民主之外的。"只有当全体居民文化水平提高，群众代表能够充分行使监管权力时，才能对各级官员形成有效监督，才能完全战胜官僚主义。

第三，要吸收群众直接参与国家管理。纵观整个列宁的革命生涯，一直十分重视吸引群众参与管理国家事务的重要性。尽管当时的苏维埃政权在很多时候依然采用间接管理的方式，但布尔什维克党也提出了"工人应当学习管理国家"的口号，群众直接管理一直是其努力的大方向。早在十月革命胜利初期，列宁就失望地发现部分党员代表开始有变为"议会议员"的趋势。当即指出："必须吸引全体苏维埃代表实际参加管理工作，来防止这种趋势；只有全体人民群众真正地参与政权，成为管理国家的一员，才能在反官僚主义的斗争中持续下去，才能保证社会主义彻底巩固起来，最终取得完全的胜利。"①列宁呼吁："用比以前大得多的规模把无产阶级和农民组织起来，同时真正实行吸收工人参加管理的种种办法来把爬进'安乐窝'里以权谋私的旧式官僚清除出去。"

①《列宁全集》第3卷，人民出版社1970年版，第525页。

第四，深入群众与人民群众保持血肉联系。列宁说:“苏维埃同‘人民’之间，即同被剥削劳动者之间的联系的牢固性，以及这种联系的灵活性和伸缩性，是消除苏维埃组织的官僚主义弊病的保证。”在列宁看来，不接近群众，就会一事无成，我们必须竭力实现“更深入群众”和“更密切地联系群众”的口号。党员干部务必要保持同人民群众的血肉联系，接受群众的建议、批评和监督，全心全意为人民服务。列宁经常痛斥那些想问题办事情，脱离实际、脱离群众，狂妄自大的布尔什维克党员，并告诫广大党员干部要“少说些漂亮话，多做些平凡的、日常的工作”。要从小处做起，心中要时时刻刻装着群众，为人民群众办实事。为此，列宁创立了信访制度以便更好地与群众沟通，倾听他们的心声，解决他们的困难。

第五，必须不断地加强建立完善严格的监督和检查制度。“我们应该有多种多样的自下而上的监督形式和方法，来杜绝毒害苏维埃政权的一切可能性，反复不倦地铲除官僚主义的野草。”[①] 列宁认为要想更好地与官僚主义作斗争，抵制其在党内扩散，就要充分保障人民群众行使对国家机关及其各

①《列宁全集》第3卷，人民出版社1970年版，第525页。

级工作人员监督和检查的权利。

虽然列宁反对官僚主义的思想，在《论粮食税》中只是略有提及，但他对官僚主义所处的时代背景，产生的政治、经济、历史、文化根源所做出的深刻理论阐释，以及在同官僚主义斗争的实践中不断摸索积累的宝贵经验，到今天为止，对其他社会主义国家开展反对官僚主义的斗争仍具有很高的参考借鉴价值。当今中国正在稳步推进行政体制改革，列宁反对官僚主义的基本思想对其仍有重要的参考、借鉴作用。中国与俄国国情虽然不尽相同，但是十月革命前的俄国与新中国成立前的旧中国相比，在许多方面也极其相似。首先，革命前的俄国与新中国成立前的旧中国都属于生产力极其低下、小农经济占绝对统治地位的国家，处处充满着封建残余，文化普遍落后，资本主义在这里得不到充分的发展。其次，中国革命胜利后，与俄国一样，旧的官僚机器虽被摧毁，但官僚主义的遗毒还普遍存在。所以，列宁关于反对官僚主义的理论探索和实践经验，对于我们克服官僚主义，建设中国特色社会主义，实现中华民族伟大复兴，仍然具有重要的指导作用。

四、发展工农业产品之间的“流转”

在《论粮食税》中，列宁特别将反对官僚主义和发展工农业之间的流转联系起来。列宁强调了发展工农业产品之间的“流转”即交换问题。列宁在这里，虽然尚未十分明确地提出工农业产品之间的交换是商品交换，但他把工农业产品之间“缺乏流转”看成是官僚主义“祸害”形成的根源之一，反复强调了建立发展工农业产品之间流转的必要性、紧迫性。他写道：“要用一切办法坚决发展流转，不要害怕资本主义，因为在我国（经济上剥夺了地主和资产阶级，政治上有工农政权）给予资本主义活动的范围，是相当狭小而‘适度’的。这就是粮食税的基本精神，也就是粮食税的经济意义。”[①]“要努力循着扩大与巩固农业和工业间的流转这一方向来指导合作社，来帮助小工业，来发挥地方的主动性和创造性。”[②]

列宁针对有些人惧怕发展工农业产品之间的交换，会导致资本主义的思想顾虑，明确地指出为了打破帝国主义国家的经

①《列宁全集》第41卷，人民出版社1986年版，第219页。
②《列宁全集》第41卷，人民出版社1986年版，第220页。

济封锁，活跃国民经济改善人民生活，无论如何都要活跃工农业之间的交换。他指出凡是不逃避国家监督的正当贸易，我们都应当加以支持发展，这种贸易对我们是有利的。为了达到这一目的，不仅国营经济、合作社经济、国家资本主义经济应当发挥积极作用，即使采用私人资本主义的办法，只要能活跃工农业产品之间的交换，就给国家、给人民带来了实实在在的而不是口头上的好处。

据此列宁得出了两点“结论”：第一，地方流转在目前具有头等意义。“利用交清粮食税后的余粮和利用小工业主要是手工业来发展农业和工业之间的‘流转’问题，实质上就是要求地方上发挥独立的、熟悉情况的、巧妙的首创精神，所以，从全国观点看来，一个模范县和一个模范乡的工作在目前具有非常重要的意义。”[①]第二，有可能经过私人资本主义更不用说国家资本主义来促进社会主义。

五、反对投机倒把

在粮食税实施后，为了发展贸易自由，与投机倒把活动作

①《列宁全集》第41卷，人民出版社1986年版，第223页。

斗争的问题再次摆到眼前，过去的做法已经不适合新的条件下继续推行。列宁认为，这虽是小问题，但却是很有意义的。从政治经济学角度来说，过去意义上的“投机倒把活动”和“正当”贸易没有区别，因为贸易自由就是资本主义，即资本主义就是投机倒把。

因此，应当重新审查和修改关于投机倒把活动的一切法令，对盗窃公共财物行为，逃避国家监督、监察和计算的行为，继续制裁，并且要更加严厉地惩办。只有这样才能做到把某种程度上不可避免的，而且为我们所必需的资本主义发展纳入国家资本主义的轨道。

第四节　克服小资产阶级政治上的动摇

这一部分包括《论粮食税》的“政治总结和结论”“结束语”两节，列宁在这部分主要通过分析喀琅施塔得叛乱，进而提出克服小资产阶级政治动摇的必要性和方法以及重要意义。

一、关于喀琅施塔得叛乱的分析

1921年2月，在俄国波罗的海海军要塞喀琅施塔得发生了反对苏维埃政权的反革命武装叛乱。组织者是社会革命党人、孟什维克、无政府主义者和白卫分子，并得到国际帝国主义的支持。他们利用苏俄内战期间由农村补充来的新水兵对余粮收集制的不满情绪，于1921年2月28日在喀琅施塔得煽起叛乱。提出建立“没有布尔什维克参加的苏维埃”①的口号，企图在苏维埃的掩盖下，恢复地主、资产阶级政权。成立所谓“临时革命委员会”，控制了该要塞的行政领导权以及两艘主力舰和几百门大炮，逮捕当地布尔什维克党的干部。俄共（布）中央和苏维埃政府为平息叛乱采取了紧急措施。3月2日宣布彼得格勒特别戒严（当时正爆发彼得格勒工人罢工）。5日重组第7集团军，由米·尼·图哈切夫斯基任司令员，负责镇压叛乱。随后召开的俄共（布）十大，派出约300名有军事经验的代表加入第7集团军。经过激烈战斗，红军于3月18日清晨占领了要塞，平定了叛乱。喀琅施塔的普通水兵被骗参加叛乱这一事

①《列宁全集》第41卷，人民出版社1986年版，第225页。

实，反映了农民对战时共产主义政策的不满和他们在政治上的动摇，要求布尔什维克党必须迅速制定新的经济政策。

在《论粮食税》一文中，列宁首先分析了这次叛乱发生的社会根源和阶级基础，指出“由于战争和封锁农民的生活本来就非常困难，而1921年春天，主要由于歉收和牲畜死亡，农民的生活状况更是达到了极严重的地步，结果就引起了政治上的动摇，而这种动摇一般说来是小生产者的‘本性’。这种动摇最明显的表现就是喀琅施塔得的叛乱，在喀琅施塔得事件中正是小资产阶级自发势力的动摇表现得最为突出”[①]。

其次，列宁揭露了策动和支持这次叛乱的社会民主党、孟什维克和自卫分子所提出的“没有布尔什维克参加的苏维埃”这一口号的反动实质。社会革命党富农阶级的利益。在十月革命胜利之初的外国武装干涉和内战时期，社会革命党人曾多次策划反革命阴谋，包括喀琅施塔得叛乱、策动富农叛乱、暗害共产党员和苏维埃国家的领导人。内战结束后社会革命党继续进行反苏维埃国家的活动，后被苏维埃政权粉碎。孟什维克即少数派，是俄国社会民主工党内的主要机会主义派别，他们反

①《列宁全集》第41卷，人民出版社1986年版，第225页。

对列宁为首的布尔什维克即多数派，反对无产阶级专政和列宁的建党路线，1912年被清除出党。社会革命党人和孟什维克在叛乱中提出“没有布尔什维克参加的苏维埃”这一口号充分证明他们已成为白卫军分子和其他反革命势力的帮凶和反动势力的亲信奴仆。上述口号的反动实质在于，它代表了反动势力企图颠覆苏维埃政权的反革命要求。

再次，列宁科学地分析了当时俄国阶级力量的对比，无产阶级及其政党是革命的先锋队，小资产阶级自发势力动摇不定，资本家地主及其代言人是革命的对象，所谓“政权转移”正是这部分人的要求。而后，列宁还论述了小生产者的本性。小资产阶级又叫自发势力，之所以叫自发势力，因为它“最无定形，最不固定，最不自觉”。小生产者是零星散漫的农民，资产阶级会利用教堂、报刊、军队和种类繁多的经济压迫，去征服散漫的小生产者；同时，破产、贫困和艰苦的生活等会引起它们的动摇。在一切国家、一切时代，它们在经济上和政治上或是由资产阶级去联合，或是由无产阶级去联合，第三条道路是没有的。所以，粮食税以及和它有关的种种措施，其目的就在于要挖掉小生产者动摇的经济根源。他指出：“1921年春天的事态再次表明了社会革命党人和孟什维克的作用，他们帮助动摇的小资产阶级自发势力背弃布尔什维克帮助‘政权’作有利于资本家和地主的‘变动’。”“全世界的资产阶级包围着我们，他们正窥测时机一旦发现动摇就要把‘自己的人’送回，就要恢复地主和资产阶级的统治。而我们则要把孟什维克和社会革命党人不论他们是公开的或装扮为‘非党人员’的统统关进监狱。”①

二、关于对待非党分子的政策

列宁指出，孟什维克和社会革命党人现在已经学会如何装扮成“非党人员”。党和苏维埃政权在对装扮为“非党分子”的反动势力作斗争的同时，要大胆选拔和任用非党的优秀分子担任要职。他在《论粮食税》中写道：“我们将用一切方法来和尚未接触过政治的劳动群众建立更紧密的联系。我们将特别热心地提拔成百成千的非党人员，即来自群众、来自普通工农的真正非党人员，来担任苏维埃工作，首先是担任经济工作，而不是提拔那些‘装扮’成非党人员，暗中推行孟什维克和社

①《列宁全集》第41卷，人民出版社1986年版，第230页。

会革命党人发出的对米留可夫十分有利的指令的人。”列宁还向党的领导干部提出了改变“亲手”“包办”一切的做法，一方面检查指导下级部门和助手的工作，另一方面要向那些有知识的人（专家）和有组织大企业经验的人包括向为国家代购代销的商人、办合作社的资本家和企业承租人等学习。

在《论粮食税》最后，列宁在“结束语”中就新经济政策作了理论归纳：第一，粮食税是从战时共产主义进到正常的社会主义产品交换的过渡，改善农民生活状况的方法是实行粮食税、发展农业和工业间的流转、发展小工业。第二，在过渡时期，流转即自由贸易，必然产生资本主义。它在一定限度内和一定程度上是对我们有利的。为了把这种资本主义纳入国家资本主义轨道，应该开展反对盗窃、逃税等不法行为的斗争。第三，为了活跃工农业产品之间的交换，应全面、大力、坚决地发挥地方的生动性、首倡精神和独立性。第四，共产党员要善于向资产阶级专家以及商人、资本家学习如何振兴生产活跃流通发展经济。上述思想的精髓，就是通过实行粮食税逐步将以实物征集和分配为特征的战时共产主义，过渡到利用国家资本主义形式开展工农业产品交换，重视发挥地方积极性的新经济政策。列宁的这些重大决策不仅在当时对恢复和发展苏维埃国家的国民经济发挥了重大作用，而且对于建立完善的无产阶级专政国家完成由资本主义向社会主义过渡的理论也是一个巨大的贡献。

第三章　“粮食税”实施之后

第一节　《论粮食税》背后的故事
——美国企业家哈默和列宁的友谊

1921年3月，布尔什维克党的第十次代表大会通过了由战时共产主义过渡到新经济政策的决议。同年4月《论粮食税》发表，为新经济政策进一步指明了方向。新经济政策以粮食税代替征收，允许农民自由出卖余粮，允许私商自由贸易，并且将一部分小工厂还给私人，还准备把一些企业租给外国资本家。尽管这一政策遭到一些人的反对，但是它终究给苏俄的国家经济带来了莫大的好处。20世纪20年代初，美国企业家哈默和列宁之间建立的友谊就说明了这一点。亚蒙·哈默是美国西方石油公司的董事长，是一位颇具传奇色彩的人物。在西方，他是点石成金的万能富豪，而在苏联和中国，他却是家喻户晓的“红色资本家”，因为他是第一个与十月革命后的苏联合作的西方企业家，被列宁亲切地称为“哈默同志”；他又是第一个乘坐私人飞机访问中国的西方企业家，被邓小平誉为“勇敢的人”。

列宁曾经亲自关注苏维埃同哈默的租让谈判与合同的实施，哈默为了自己的实业发展，努力去履行共同签订的租让合同，并且受到列宁的多次赞扬。在苏维埃俄国处于世界资本主义封锁的条件下，一位伟大的无产阶级革命领袖同一个以经营发展实业为目的的美国百万富翁建立起不同寻常的友谊关系，这就更富有传奇性的历史色彩了。

哈默是俄国移民的后裔，于1898年5月21日生于美国纽约市。他的曾祖父弗拉基米尔是俄国犹太人，曾在沙皇尼古拉一世时以造船而成为巨富。到哈默的祖父雅各布娶妻生子时，一场台风引起的海啸把家财冲刷得荡然无存。1875年，雅各布带着妻子和儿子朱利叶斯移居美国。朱利叶斯长到15岁时，就放弃了学业，到一家钢铁厂当铸造工，以补贴家用。他年轻力壮，在工人中成为举足轻重的人物。他参加了社会劳工党，组织工会，成为积极的社会主义者。朱利叶斯19岁时，去应聘当了药剂师。几年后，他用积攒下的工资买下了老板的药店，后来又开了两家分店，办了一家制药厂。就这样，这个年轻的社会主义者成了年轻的资本家。但是，朱利叶斯并没有放弃他的信仰，依然是美国社会主义运动的忠实追随者。1897年，在一次社会主义者郊游中，朱利叶斯与一个年轻的寡妇罗丝一见钟情，不久就结婚了。一年后，他们有了第一个孩子，朱利叶斯特地给儿子起名为亚蒙·哈默，据称这取意于美国社会劳工党的旗徽“手臂（Arm）与锤子（Hammer）”。

哈默出生后仅4个月，父亲朱利叶斯考上了哥伦比亚医学院。在后来的4年中，朱利叶斯既要经营药店和制药厂，又要攻读他的医学课程，但他不愧是铁打的汉子，做到了学业和事业两不误，终于在1902年毕业。这一成就的取得，对后来哈默的成长影响很大。

朱利叶斯认为治病救人比做买卖赚钱更高尚，便毅然将药店和制药厂卖掉，在纽约市布朗克斯地区办了一家诊所，成了一名医生。他行医一生，曾拯救了5000多个婴儿的生命。在父亲的言传身教下，孩子们长大了。哈默是三兄弟中最不听话的，但也是最富有创造精神的一个。他逃过学，经过父亲的教育，他变了，学习从中等上升到第一，课余还学会了摆弄无线电，制造飞机模型，并在高中毕业班演讲竞赛中获得了金质奖章。此外，他还迷上了诸如洛克菲勒、卡内基等白手起家的美国著名企业家的传记，开始四处寻找赚钱的门路。16岁那年，他正在读高中，就成功地做了第一笔“大买卖”。一天，他在百老汇大街看见一辆双座旧敞篷车在拍卖，决心要买下来。他向在药店售货的同母异父哥哥哈里借款，并胸有成竹地保证不久就偿还他。原来，他已从报纸的广告中找到可做的工作了，即用汽车为一个糖果商送货，每天可得到20美元的酬金。果然，两周后，他不仅如数还清了哥哥的钱，获得了这辆汽车，而且口袋里还有钱币在叮当作响。

1917年，哈默在完成两年的医学预科课程的基础上，踌躇满志地来到久负盛名的哥伦比亚医学院，递交了入学申请。主管注册的工作人员上下打量他后，说：“你是朱利叶斯医生的儿子吧？1898年你出生的那年我办理了你父亲入学的申请，今天我又在这里欢迎你。”就这样，哈默自豪地成为哥伦比亚医学院的学生，命运之舟载着他似乎正沿着子承父业的方向前进。然而，有一天，父亲来到校园找到哈默，告诉儿子一个坏消息，那就是他倾其积蓄投资的制药公司濒临破产。而且他本人因身体不好，特别是还想继续行医，没有精力去顾及公司的管理；因此，他要求儿子去当公司的总经理，但不许他退学。他强调说："儿子，我过去就是这么干的，你也可以这样子。"

其实，父亲的担心是完全没有必要的，他极其兴奋地迎接了这样的挑战。为了不误学业，哈默邀请了一个家境贫困而学习优异的同学住在一起，免费供给对方食宿，条件是这位同学每天去上课，做大量的笔记，晚上带回给他，供他应付考试和写论文。有了这个学习的"替身"，哈默就可以专心致力于公司的经营了。他改革了公司的经营方针和推销方法，组织了一支强有力的推销队伍，并把公司的名字改为响亮的"联合化学制药公司"。哈默终于把公司从破产边缘拯救过来，雇员从十几人发展到1500人，产品畅销全国，公司开始跨身于制药工业的大企业行列。

时隔不久，哈默成了哥伦比亚医学院，乃至全国院校中独一无二的正在大学攻读的百万富翁。1919年美国的平均收入是625美元，而那一年哈默个人的净收入超过1亿美元。在学习上，他的大多数考试成绩是“A”，并被评为毕业班里“最有前途的学生”。1921年6月，他取得了童年时就梦寐以求的医学博士学位。从此，人们开始尊称他为博士，尽管他以后从未正式行过医。

19世纪20年代初，正是苏维埃俄国外有帝国主义的封锁，内有饥饿与瘟疫的困难时期。哈默的父亲作为美国共产党的创始人之一，对俄国十分关注，同情那里的人们所遭受的灾难，曾劝说儿子从国外私运一小批贵重药品到俄国。因政见问题，美国一个地方法院捏造医疗事故罪，判他父亲服刑三年。这一突然变故，使年轻气盛的哈默索性放弃实习医生的好机会，决心完成父亲未完成的愿望，到父亲出生的国家俄国进行探险性的访问，去帮助那里正在蔓延的饥荒和伤寒。于是，哈默先以200万美元的售价卖掉了制药公司，而后又花了十几万美元买下一座野战医院以及与之配套的医药用品和医疗器材，甚至还花了1.5万美元买了一辆救护车，在车身侧面刷上“美国赴莫斯科医疗团”字样，他要把这些作为见面礼物送给苏俄当局。当时的苏维埃俄国与大多数西方国家隔绝，因此在许多人看来，哈默此行无异于到月球上去探险。就这样，23岁的哈默走上了一条将从根本上改变他生活的道路。

当时由于封锁，前往莫斯科很困难，但哈默不畏险阻到达了柏林，同苏俄代表团总部进行联系办理入境签证。他又经过外交人民委员部的联系和安排，到里加通过拉脱维亚进入俄国。就这样，这位年轻的百万富翁一路上历尽艰辛，终于在1921年初夏到达莫斯科。由于旅途劳累，他病倒了。但他毫无怨言，谢绝特殊优待，与当地居民一起过着战时艰苦的生活。他每天坚持背诵和学习使用100个俄语单词，以便能很快开始工作。有关当局安排他停留一个月后才能同卫生人民委员部负责人会见，并进行他的工作，这使他大失所望，他决定将所带价值6万美元的医疗器械赠送给卫生人民委员部，然后回国。但一个偶然机会又使他改变了主意。卫生人民委员部邀请他随同苏维埃最高国民经济委员会主席团委员、金属工业总管理局局长马尔滕斯到乌拉尔工矿区进行视察。沿途他在列车上目睹了由于饥荒、瘟疫给人民带来灾难的凄惨情景，又看到乌拉尔山区有丰富的矿藏和堆积如山的工业原料。这里的情况令他大惑不解：一方面蕴藏着巨大的宝藏，物产丰富，白金、宝石、毛皮等贵重物品几乎应有尽有；另一方面饥荒严重，饿殍遍野，最起码的生活必需品奇缺。于是，他问带队的人："为什么你们不出口这些东西换口粮食？""那不可能，"他们回答，"欧洲刚刚解除对我们的封锁，要卖出这些东西，进口粮食，所需时间太长。而且要使乌拉尔地区的人民免于饥饿，至少需要100万蒲式耳的粮食。"这时一个大胆的计划在哈默头脑中酝酿着，这个计划如果成功，那么他将成为第一个在苏俄经营租让企业的美国人。他联想到当时美国粮食大丰收，粮价已跌到每蒲式耳1美元，到乌拉尔矿区后，他向马尔滕斯和当地政府建议，愿意租借船只从美国运来100万元的粮食交换当地价值相等的毛皮、皮革和其他货物。当地苏维埃表示同意这个建议，随行的采矿工程师也希望哈默对恢复乌拉尔石棉矿产生兴趣。哈默的建议很快传到莫斯科，列宁亲自回电表示认可这笔交易，并请哈默速返莫斯科。

列宁在哈默返回莫斯科的第二天，在克里姆林宫热情地召见了他。哈默一进屋，列宁从办公桌边站起来欢迎哈默，并用英语与他亲切交谈。当列宁代表苏俄政府向哈默表示诚挚的感谢时，这位伟大的革命家竟激动得流下了热泪。为使年轻的苏维埃得到休养生息，列宁当时正实行新经济政策，因此对哈默的提议格外重视。随后，列宁着重强调俄国资源丰富而未经开发，需要美国的技术和管理方法以及工程技术人员才能使“我们的轮子再次运转”。列宁对哈默说：“你们和我们可以互相取长补短。我们是个落后国家，资源丰富而未经开发。美国可以在这儿找到原料和销售机器的市场，以后还可以在这里推销工业产品。而我们需要美国的技术和方法，以及美国的工程技术人员。”说到这里，列宁顺手从桌子上拿起一本《科学的美国人》杂志，一边翻着，一边说道：“瞧！这是你们人民作出的成绩。这就是进步的含义，高楼大厦，发明，发展机械来替代人的双手。”列宁又问哈默：“你在我国旅行过吗？”哈默说：“我刚在饥荒地区和乌拉尔区待了一个月。”列宁听了，脸色顿时变得有些忧郁，缓慢地说：“是的，饥荒，我听说你本来想做些医务救济工作，这种工作非常需要，不过，我们最需要的是美国商人。我们真正需要的，是美国的资本和技术，用这些来使我们国家的轮子再次运转，对不对？”哈默对列宁谈起了访问乌拉尔山区的印象。他认为俄国的物资和人力都很充足，许多工厂的状况比他预计的要好。列宁点点头说：“不错，问题就在这里。内战使一切陷于停顿。现在我们必须从头做起。新经济政策要求重新发展我们的经济潜能。我们希望建立一种给外国人以工商业承租权的制度，来加速我们的经济发展。它将为你们提供很好的机会。”

当哈默提到对乌拉尔石棉矿感兴趣时，列宁鼓励他承租经营开发矿业，强调要确定一些条件来保证承租人有利可图。但哈默还是害怕承租后工人会把他当成资本家和敌人来对待。列宁解释说，工人在租让企业使他们恢复就业并拿到高工资时是会很高兴的，只要承租人熟悉和遵守苏维埃的劳动法和法律，工人政府保证承租人受到公正待遇。列宁坦率的谈话化解了哈默心中最后的疑虑，消除了他原以为列宁是个“超人”和“可怕怪物”的印象。他感到列宁是位对人类有强烈的同情心、使人感到温暖的“知心朋友”。①从此，他

①[美]鲍勃·康西丹：《超越生命—哈默博士》，生活·读书·新知三联书店1983年版，第31–36页。

们之间结下了真挚而深厚的友谊。

此后，苏维埃有关部门与哈默开始了就交换粮食和租让乌拉尔石棉矿的谈判，并草拟了合同。这两项合同是联系在一起的，从美国运来粮食供应乌拉尔山区石棉矿的工人，以保证恢复生产。哈默承租石棉矿，由自己招聘经营管理人员和雇佣当地工人，同时由哈默投资从国外购买机器设备，聘请技术人员，对旧矿进行改造。开采的石棉原料由哈默支配经销世界各地。列宁对这两项合同的签订极为重视，于1921年10月至12月间多次给苏维埃有关人员发出指示，主要内容是：通知俄共（布）中央委员，使他们了解哈默来俄国的目的是帮助恢复工业；催促主管部门“尽快”缔结合同；让主管经济的领导人向哈默提出不仅要提供粮食，而且要提供电气化设备；强调租让合同必须以条约的确切法律形式签订公布，重要的是向世界表明美国商人已经参加经营租让企业。[①]在这期间，哈默又多次急电催促驻在柏林为他经营药品的代理商也赶到莫斯科商讨合同条款，他们又提出了修正意见，

①《列宁文稿》第九卷，人民出版社1979年版，第504，510，527，555页。

主要是要求对承租者的财产和工作人员为承租事宜的自由旅行，及出入境的权利予以保护，并要求提供军队保护他的财产。列宁知道这些要求后，立即指示苏维埃有关部门以法律形式予以确认。不久，这两个合同由副外交人民委员主持在外交部举行了正式签字仪式。哈默手里拿到盖有苏维埃政府大红印章的两个合同，为了履行合同条款又以优惠租金在莫斯科市中心得到一处办公场所。

哈默于10月打电报给美国的哥哥，要他马上准备价值100万美元的粮食运到苏俄，到12月第一批运粮船到达港口。轮船返回时，装上早已准备好的皮革、毛皮和鱼子酱。由于哈默有特许证件与合同书，货物顺利出港安抵纽约。这批货物在美国销售后，除偿付粮食费用外，还有不少的剩余。在这样简单的交易中就赚到了钱，促使哈默马上要回国亲自安排以尽快实现合同的条件，并筹划更大的生意门路。列宁听说哈默要回美国，又亲笔用英文写信对他送来粮食和承租企业表示感谢，并说："这个开端极为重要。我希望这将会产生巨大影响。"[①]列宁还赠送给哈默一张签有英文名字的相片。

---

①《列宁文稿》第九卷，人民出版社1979年版，第592页。

这张伟人相片至今还保存在哈默在洛杉矶西方石油公司总部的办公室里。

美苏的易货贸易由此开始。哈默组织了美国联合公司，沟通了30多家美国公司，他俨然成了苏俄对美贸易的代理人。1921年底，哈默回到美国，主要是为承租的石棉矿订购机器设备以及开拓新的生意。他设法同美国生产机器的大实业家、亿万富翁亨利·福特挂上钩，他向这位亿万富翁介绍在苏俄的见闻和向苏俄经销机器可能带来的利润。当然，富翁主要关心的是利润及实业的发展前途。哈默终于取得了福特的信任而成为在苏俄经销他的公司机器产品的代理人，福特除愿意向苏俄出售900万辆汽车、卡车和拖拉机外，还答应安排一批苏俄青年来工厂学习技术，然后回去再教别人，甚至主动提出在苏俄开设由福特公司专家管理的机械制造厂。哈默的父亲这时也无罪释放，成为儿子与福特公司的中间人，具体经办交易。后来苏俄与这位美国汽车巨头签订在高尔基城合资修建一座汽车、卡车的综合工厂以及装备嘎斯人和嘎斯A人生产线的合同，这都是哈默代理经销福特公司产品而发展起来的成果。另外，还同一家农业公司达成协议由他向俄国经销该公司的农具。

哈默于1922年初回到莫斯科，马上赶到乌拉尔山区石棉矿。经理向他报告，从美国运来的粮食及其他食物没有到达，饥饿的工人恨不得打死管理人员。哈默同经理立即乘马车到途经100英里的车站，又行进50英里才发现旁边有士兵守卫的密封的25车皮粮食。关口就是这里的站长，他向哈默索要半车皮约500普特的粮食，才能放行。哈默立即赶到车站给列宁打电报，请求帮助。在列宁的过问下，不久粮食就运到了石棉矿区，挨饿的工人得到了粮食，石棉矿也开工了，那个站长经过迅速查讯也被枪决。石棉矿安排就绪，哈默又到外地各城市推销福特公司的机器。当时正在恢复农业，需要拖拉机，哈默得到了订购几百辆拖拉机的订货单。1922年春，第一批50辆福特森拖拉机运到，哈默带着从美国受过训练的50名苏俄青年去接拖拉机。哈默开着第一台拖拉机，带着这支轰轰隆隆的队伍到了交货地点。

但是，哈默的主要精力还是投入在安排从国外订购的机器设备的进港、卸货和装运到石棉矿区上。1922年5月份，哈默与其伙伴准备到彼得格勒港为接收机器进行亲自安排，他向正在病中的列宁写了热情的问候信，并请求开一封前往彼得格勒的介绍信。5月10日，列宁亲笔写了回信对他的热情问候表示感谢，再次强调他的承租合同圆满成功，将对苏俄与美国之间的贸易往来具有很大意义，随信附了一封给彼得格勒苏维埃主席季诺维也夫的介绍信。5月11日，列宁又指示秘书记下哈默的名字，如有事请求帮助让其以他的名义尽力给予帮助。同日，又发往彼得格勒给季诺维也夫及其副手两份电报，要求不得“拖延耽搁”，并派可靠同志监督帮助哈默开展工作，取得成功。可是，哈默及其伙伴在进行工作时还是遇到“缺乏礼貌和官僚作风”的接待。哈默给列宁写信表示对这种行为的不满。列宁于5月22日写信给季诺维也夫要求把问题澄清。5月24日，列宁写信给斯大林并转俄共（布）中央政治局委员，以他个人名义，特别推荐哈默及其伙伴，郑重要求中央委员大力支持哈默的事业，强调“这是通向美国‘实业’界的一条小径，应该千方百计加以利用”。为此，列宁指示起草给哈默经办实业的特别介绍信，要求抄在他的公文用纸上。列宁在这封介绍信上签了个人的名字。介绍信除介绍哈默经营租让企业的情况外，主要是坚决要求对外贸易人民委员部、铁路行政部门及苏维埃政府国内外的代表都要给他应有的礼遇，而且要竭力给予可能的协助，“万勿因循拖延”。

在列宁的关照和苏维埃各部门的大力支持下，哈默经办的各项事务都比较顺当。他从国外订购的机器设备也陆续运到俄国，又顺利装运到乌拉尔石棉矿进行安装。不久，哈默又让擅长艺术的弟弟来到石棉矿帮助管理企业。这两位美国兄弟淘汰了手工工具和落后的操作方法，逐渐用现代化机器设备进行生产。电动粉碎机代替了旧锤，自动电锯代替了手工锯，用科学方法勘察矿源，重新选择开采区，推翻了陈旧厂房扩建新厂房，一条窄轨铁路铺到了火车站。工人的衣食住都有了保证，生产情绪很高。在当时世界石棉生产过剩、原料滞销的情况下，哈默经营的石棉矿原料却广销世界各地。随着哈默经营业务的发展，他在莫斯科市内租了24个房间作为承办国内外商务的办事中心。他还挂起美国联合公司招牌，代理经销美国福特工厂的汽车、卡车和拖拉机以及美国一家农业公司的农具。有时这两个美国兄弟还到莫斯科和其他城市的旧市场闲逛，从破烂和旧货中以便宜价钱收买一些古物，逐渐积聚一批古玩和艺术珍品。这就是经营和珍藏古物的根基。

哈默对自己的实业发展十分满意，更加相信列宁的租让政策。他于1922年9月给列宁写了份报告，汇报他承租的石棉矿以及发展苏美贸易方面其他活动的进展情况，还特意赠送列宁一件很有寓意的纪念礼物，这就是坐在达尔文《物种起源》书上的一只凝视着人类头盖骨的青铜猴子。它象征的意义是：人类若不学会和平共处，一旦战争爆发，一只猴子或许不知从哪里捡起人的头盖骨头。[1]列宁十分珍视这件礼物所传达的友谊之意，把它放在自己的办公桌上，它至今还在克里姆林宫列宁办公室的办公桌上陈列着。

1922年冬天，列宁的健康情形恶化，右边身体瘫痪。当他住在乡间别墅疗养的时候，还通过他的德国医生给哈默捎去口信："告诉年轻的哈默，我并没有忘记他，并祝他一切顺利。他要是有什么困难，叫他一定告诉我。"这个口信使哈默感动得几乎落泪。列宁逝世的消息传来，哈默在悲痛中加深了对列宁的认识，他从内心感到，列宁具有"全神贯注

① [美] 鲍勃·康西丹：《超越生命—哈默博士》，生活·读书·新知三联书店1983年版，第36页。

于事业的忘我精神”，历史使他跻身于“世界伟人之列”。他为有幸同这位世界伟人谈过话、友好地握过手而感到骄傲。

列宁逝世后，哈默继续做始于列宁时的生意，又根据苏联市场需要，经过多方交涉才获许可在莫斯科市郊兴建了一座铅笔和钢笔制造工厂。他亲自从德、法、英等国购买机器设备和聘请技术人员，使产品具有国际水平。但是，随着苏联国内经济政策的改变和政治形势的变化，哈默的实业发展碰到了困难。不久，他获准带着的家具什物，及其家人离开了苏联。哈默在莫斯科度过了将近10年，苏联成了这位亿万富翁的发迹地，同时他也用自己的努力支持了年轻的苏维埃政权。

第二节　“粮食税”实施之后的俄国

在列宁发表《论粮食税》之后，苏共通过颁布一系列法令，使新的经济政策逐渐丰富和完善起来，从1921年下半年开始，在新经济政策的启动下，苏俄国民经济开始全面复苏。农民可以自主种植、自主支配税后农产品，重新成为土地和生产的主人，农民的积极性逐步被调动起来，纷纷扩大播种面积，精耕细作，全国粮食和农产品产量迅速增加，使苏维埃政府战胜了严重的饥荒。城乡的商品交换、地区内的商品流通和私人从事的小商品交换逐步活跃起来，市场变得繁荣，信用和货币体系建立起来，工人、农民的生活水平得到明显改善，广大民众得到物质生活的实惠后，昔日的埋怨与不满情绪逐渐减退。工人们也自觉返回岗位，消极怠工、懒惰松散、罢工示威的现象大为减少，工业生产逐步恢复，大大加强了社会主义的物质经济基础。总的来说，新经济政策的实施使1921年春天的危机迅速消失，生产逐步恢复，工农联盟进一步加深，苏维埃政权日益巩固。新经济政策成功地恢复了第一次世界大战和苏俄国内革命战争给社会经济带来的破坏。至1928年，苏联的工农业产品产量成功地恢复到了“一战”前的水平。

一、发现了苏俄向社会主义过渡的全新道路

经济文化落后的苏俄在建立苏维埃政权，粉碎帝国主义的包围和国内敌人的反抗，巩固了新生政权以后，如何实现向社会主义的过渡，这是列宁在社会主义实践中遇到的首要

难题。而以粮食税为核心的新经济政策的最终实施，则表明列宁找到了一条俄国向社会主义过渡的全新的正确的道路。列宁从坚持和发展社会主义理论出发，分析了不发达苏俄向社会主义过渡的两个必要条件：一是政治条件，即无产阶级在国家内占统治地位，这“无论在政治制度方面或工人政权的力量方面，比任何英国和任何德国都要先进”。苏维埃社会主义共和国仅仅表明这个政权有决心向社会主义过渡，而不表明现在的经济制度是社会主义制度。二是经济生产、社会经济等物质条件。从生产力状况看，俄国的“空旷国土可容下几十个文明大国”，但“羊肠小道”把“乡村和铁道隔离开来，即和那连接文明、连接资本主义、连接大工业、连接大城市的物质脉络隔离了开来”，“国内战争加剧了经济的破坏，阻滞了国内生产力的发展，粮食歉收，饲料缺乏，牲畜死亡，更厉害地阻滞了运输业和工业的恢复”，“俄国在组织国家资本主义、文化程度，（施行）社会主义的物质生产上的准备程度等方面，都比西欧最落后的国家还要落后。”[①]从生产关系看，在1918年，其经济结构特点是既有资

①《列宁全集》第41卷，人民出版社1986年版，第216页。

本主义成分，也有社会主义成分，宗法式的、小商品生产、私人资本主义、国家资本主义、社会主义五种经济成分并存且错综复杂，占优势的是小资产阶级的自发势力。这种先进的社会制度同落后的多元结构极不平衡状况的生产力及同错综复杂的生产关系的矛盾，成为当时苏俄社会主义的主要矛盾。而且种种状况表明，在落后的小农国家中，不从农民经济的优势这个条件出发，不充分顾及农民的利益，不从一定的生产力发展状况出发，过早地按照共产主义原则组织生产和产品分配，实行单一的所有制形式和单一的分配制度，是违背生产关系一定要适应生产力发展状况这一基本规律的，在理论和实践上都是行不通的。

列宁在科学分析俄国的政治、经济、文化等物质条件和社会基本矛盾的基础上，从理论与实践的结合上，就“苏维埃无产阶级专政同国家资本主义的结合、配合、混合”进行了大胆探索，指出“真正革命民主国家下的国家垄断资本主义，必然会是实现社会主义的一个步骤”；“国家垄断资本主义是社会主义的最完备的物质准备”，“是社会主义的入口，是历史阶梯上的一级，从这一级上升到叫做社会主义的那一级，没有任何中间级”。[1]列宁进一步指出了把资本主义发展引导到国家资本主义轨道的具体途径和形式：1.实行改余粮收集制为粮食税的政策。其实质是寻找社会主义经济同小农经济的结合点，这是从特殊“战时共产主义”向正常的社会主义产品交换过渡的一种形式。只有实行这种政策，才能改善农民的生活状况，提高农民的生产力，迅速恢复国民经济，巩固工农联盟，进而巩固无产阶级专政。2.要用一切办法坚决发展流转即贸易自由，商品交换。实行粮食税后带来的贸易自由，商品交换等问题，只有用国家资本主义的办法才能解决。因此，“要用一切办法来发展流转，不要害怕资本主义”。“一个政党要试行全国禁止、堵塞一切私人的非国家交换发展的政策，那就是干蠢事，就是自杀。”3.实行租让制。它是无产阶级的国家政权为反对小私有者的自发势力而和资本主义缔结的一种合同，是资本主义大生产向社会主义大生产过渡的一种形式。这一政策执行得恰当而谨慎，可以帮助改进生产状况，改善工农生活。其成功，国家就会获得为数不多，但却是有先进水平的大企业。4.实行合作制。这是

①《列宁全集》第41卷，人民出版社1986年版，第202页。

把实行粮食税后出现余粮自由买卖，商品交换引上合作制资本主义轨道，便于从国家资本主义进一步过渡到社会主义，这是一种由小生产合作社向大生产的社会主义的过渡。其成功会把小生产发展起来，并在将来自愿配合的基础上过渡到大生产，进而过渡到社会主义。5.代购代销。国家把资本家当作商人吸引过来，由他们推销国家货物和收购小生产者的产品，付给他们一定的佣金。6.实行租赁制。国家把国有企业或油田、林区等租给企业资本家。列宁指出，“在俄国这样一个小农经济占优势，经济文化落后的国家里，只有借助资本主义，尤其国家资本主义这些中间环节，才能从宗法制度、小生产过渡到社会主义。”这些得当的政策措施与俄国的现实国情完全符合，适应了生产力发展的客观需求，极大地调动了占俄国人口大多数的小生产者生产的积极性和创造性，推动了社会主义生产力的发展。俄国在短短的数年间成功地恢复了被第一次世界大战和俄国国内革命战争破坏的社会经济。至1928年，俄国的工农业产品产量成功地恢复到了“一战”前水平（1913年）。总之，新经济政策的实行，向广大群众阐述了“什么是社会主义”“怎样向社会主义过渡”的理论难题，平息了人们对“姓资姓社”的疑虑，扭转了实行“战时共产主义”政策直接过渡所引起的政治经济危机，极大地解放和发展了社会生产力，改善了人民（特别是农民）的生活水平，新生的苏维埃政权最终得以确立巩固。正反两方面的实践证明了在经济不发达的国家进行社会主义建设，“直接过渡”到社会主义是很困难的，必须“利用资本主义（特别是要把它引导到国家资本主义的轨道上去）作为小生产和社会主义之间的中间环节”[①]。

二、积累了苏俄建设社会主义的宝贵经验

1920年末，苏俄内战即将结束，苏维埃俄国开始进行在不发达国家建设社会主义的探索。列宁提出并实行的新经济政策就是这种探索的最初尝试。新经济政策的实施为俄国提供了不发达国家建设社会主义的宝贵经验。新经济政策关于重视农业，用粮食税代替余粮征集制，以调动农民的生产积极性；关于充分利用商品的交换、贸易自由、搞活商业这个中间环节，恢复和发展工农业生产；关于实行国家资本主义，以租让制、

①《列宁全集》第41卷，人民出版社1986年版，第217页。

租赁制等形式，吸引外资发展经济；关于通过合作制，把全体居民组织联合起来，从国家资本主义向社会主义过渡；并把这些政策作为较长时间的基本政策，等等。所有这些，为不发达国家建设社会主义提供了最初经验和步骤。

列宁逝世后，斯大林中止实行新经济政策，他用国家政权的强制力量，在苏联建立单一公有制、单一按劳分配形式、指令计划经济“三位一体”的社会主义模式。这一模式忽视苏联的生产力发展极不平衡的状况，一概排斥非公有经济成分，否定商品交换和市场机制的作用，严重地限制、束缚了社会主义生产力的发展，并被其他社会主义国家所效仿，使社会主义实践包括苏联的社会主义实践出现严重的曲折，甚至发生“苏东”剧变的历史大倒退，其教训是极为深刻的。正如邓小平指出的：“社会主义究竟是什么样子，苏联搞了很多年，也并没有搞清楚。可能列宁的思路比较好，搞了个新经济政策，但是后来苏联的模式僵化了。”国际社会主义运动的实践再次证明，在经济文化落后的国家，通过暴力革命，打碎旧的国家机器，建立人民的政权，实现资本主义“卡夫丁峡谷”的历史大跨越是可能的。但是利用资本主义包括一切资本主义国家的文明成果，大力发展社会生产力，由小生产到社会主义过渡的历史阶段却不能跨越。其根本途径、方式和方法就是实行国家资本主义，这是小农占优势的国家向社会主义过渡的正确途径。

第三节　以粮食税为核心的新经济政策的实效分析

1921年3月召开的俄共（布）十大以及列宁在4月间写出的《论粮食税（新政策的意义及其条件）》标志着战时共产主义向新经济政策过渡的开始。

新经济政策自出台以来，经过一系列的完善和补充，但就其主要内容而言，主要有以下几点:第一，以征收粮食税代替余粮收集制，与余粮收集制相比粮食税的税额明显降低了不少，1921—1922年间全国税额比上年度减少43.3%。《关于以实物税代替余粮收集制》法令规定，农民每年以赋税的形式将粮食等农产品上交给国家；农民纳税后的剩余农产品归农民自己所有，可自行处理，甚至拿到市场上自由交换买卖。这些规定极大地调动了农民的积极性，有利于提高农民收入。从政策的转变中，我们明显观察到，余粮收集制仅仅是单方面从国家利益角度设计规划，而之后实现的“粮食税”则既从保证国家角度着眼，又从保障农民的角度考虑。在农业方面，小农经济的发展获得了国家的准许和支持。1922年，苏维埃政府通过了《土地法令大纲》，允许农民自由使用土地并可以在政府监督下出租土地和雇佣工人。第二，工业方面，在坚持发展社会主义大生产和国家掌握国民经济命脉的前提下，国家还采取了租赁制等措施，将一部分企业出租给私人经营。承租者必须接受国家监督指导，遵守苏维埃法令，按期交纳租金和一定比例的利润，到期把企业完好地交还苏维埃国家。第三，在流通方面，苏维埃政府废除了配给制和国家贸易垄断制。在坚持国家计划领导的前提下，国家支持和鼓励私人经营中小型商业企业。第四，放松了贸易限制，鼓励外资企业投资，将资金与技术引进俄国。列宁特别重视同资本主义国家的经济交往，他强调：“社会主义共和国不同世界发生联系是不能生存下去的，在目前情况下，应当把自己的生存同资本主义的关系联系起来。”“利用外国资金，引进西方先进的技术，学习科学管理经验，这对恢复和发展苏俄的国民经济有重大作用。”

通过以上对新经济政策内容的简要分析，我们不难发现，列宁在其中的核心思想，概括起来就是：在已经实现无产阶级专政的国家里，既然还不具备实现社会主义的物质条件，那么就应该根据本国的实际，想办法学习和利用资本主义来实现社会主义社会生产力的跨越式发展，进而通过“迂回过渡”的方式过渡到社会主义。所谓“迂回过渡”，就是允许农民在交纳固定的实物税后，余下的粮食等农产品可以到市场上自由买卖，交换物品。通过引导农民通过合作化道路走上社会主义道路，实现了对小农的改造；通过加强地方的流动、商品交换、货币流通来刺激市场，活跃经济；通过大力发展国家资本主义，发展经济，并把其作为中间环节向社会主义迂回过渡。以上的分析表明，“新经济政策”是完全符合苏俄当时的国情，从其成效来看，效果也是非常显著的，短时间内苏俄经济得到了迅速恢复和发展。新经济政策源于马克思主义的社会主义设想，但又与其略有区别。在新经济政策中，列宁灵活运作马克思主义经济理论与苏俄当时基本国情相结合，在保证苏俄社会主义性质的同时，大胆利用资本主义在社会主义国家发展生产力，这是列宁对科学社会主义理论的丰富和发展，其不论是在马克思主义的发展史上，还是在国际共产主义运动史上，都具有极其深远的理论和现实意义。

令人扼腕叹息的是，伟大的革命导师列宁在没有来得及看到“新经济政策”全面付诸实施后所起到的巨大贡献时，就被无情的病魔夺去了年仅五十几岁的生命。列宁的“新经济政策”虽然未能全部付诸实施，但实际上已经客观地回答了关于落后国家如何建设社会主义的问题。然而新经济政策在苏联实施不久便中断了。列宁去世之后，果如他生前担心的一样，俄(共)党内高层出现了严重的分歧。经过一番激烈的斗争，作为“新经济政策”的代言人布哈林被误认为是“富农的代言人”和右倾机会主义者，遭到全盘否定；斯大林最终胜出掌控全局。布哈林与斯大林的争论，实质上是苏联两种模式社会主义建设道路的争论。以斯大林为首的联共（布）中央最终取得胜利，建立一套比较完备的高度集中的政治经济体制，即“斯大林模式”。“二战”期间，“斯大林模式”盛行，列宁关于新经济政策的宝贵思想在很长一段时间内被人们遗忘了。

历史总是惊人的巧合。在以“粮食税”为核心的新经济政策实施的60多年后，中国共产党的第二代领导核心改革开放的总设计师邓小平，在吸收和总结苏共在探索和建设社会主义过程中的教训，以及中共自身在建设社会主义的历史经验的基础上，拨乱反正，解放思想、实事求是，打破“两个凡是”的思想束缚；实现党的工作重心由以政治斗争为中心向以经济建设为中心的伟大转移；开创了建设中国特色的社会主义新局面，从而使列宁的新经济政策得到了合乎逻辑的延续和与时俱进的丰富发展。

第四章　《论粮食税》的理论贡献及当代价值

第一节　中国理论界对列宁《论粮食税》的研究

自1992年邓小平南方谈话和党的十四大以后，中国理论界为了推动社会主义市场经济体制的建立，对列宁阐述新经济政策的经典著作《论粮食税》进行了深入的研究，产生了大量的研究成果。本小节以时间为序将对这些成果进行简单的概括。

1996年，梁勤在《武警技术学院学报》1996年第1期上，发表《列宁关于过渡时期“中间环节”的理论与我国改革开放的实践》一文，文中提出，《论粮食税》是列宁在资本主义到社会主义过渡时期，关于以“粮食税、贸易自由”为主要内容，以“租让制”等国家资本主义为主要形式的“新经济政策”的光辉论著。他所提出的以小生产通过交换自发产生资本主义作为“中间环节’发展生产力的理论，是对马克思主义的重大发展。

1998年，王晓云、高斌在《江汉大学学报》1998年第1期上，发表《试论列宁对发展社会主义商品经济的探索》一文。文中提出，《论粮食税》是列宁对科学社会主义理论的重大突破，也是列宁关于社会主义建设理论第一次飞跃的重要标志。第一，列宁从恢复国民经济的迫切需要出发，提出小农国家无产阶级取得政权之后的首要任务就是大力发展生产力。第二，列宁突破了“战时共产主义”时期产品经济观念的束缚，大胆承认俄国现实社会主义建设中商品交换存在的必然性。第三，列宁创造性地提出了对外开放的思想，主张大胆运用国家资本主义的经济模式（租让制和合作制），发展国家资本主义经济，使它为社会主义建设服务。

1999年，段彪瑞在《雁北师范学院学报》1999年第2期上，发表《试论列宁对社会主义经济理论的探索》一文。文中提出，《论粮食税》是列宁对什么是社会主义和如何建设社会主义的理性思考，它真实地记录了列宁探索在经济文化落后国家建设社会主义的思想轨迹，标志着列宁关于社会主义经济建设理论初步形成，是对社会主义认识的深化和科学社会主义理论的重大突破。其突破了“战时共产主义”时期产品经济观念的束缚，大胆承认俄国现实社会主义建设中商品交换存在的客观性，主张要大力发展商品流通，使之成为处理工农业关系的基本形式。列宁探索在经济文化落后国家建设社会主义的理论结晶：社会主义国家首先要大力发展生产力；要发展商品经济，要对外开放，借鉴和吸收资本主义创造的文明成果。

2001年，郭文荣在《安阳师范学院学报》2001年第6期上，发表《历史地、辩证地对待国家资本主义》一文。文中提出，《论粮食税》是马列主义理论宝库中的一部经典著作，是列宁对科学社会主义理论的丰富和发展。在这部经典著作中，列宁以历史唯物主义和辩证唯物主义为武器，从剖析俄国的政治、经济、文化条件入手，站在历史的前沿，以无产阶级革命家的理论勇气，第一次初步探索了在不发达国家夺取政权后，如何实现从资本主义向社会主义过渡的问题，提出大胆利用资本主义来建设社会主义，指明国家资本主义是从小生产过渡到社会主义的中间环节，阐述了国家资本主义的概念、性质、形式等；充分肯定了国家资本主义的进步作用；以辩证唯物主义的态度，正确对待国家资本主义。

2003年，周雅难在《昆明理工大学学报(社科版)》2003年第3期上，发表《列宁〈论粮食税〉与中国改革发展理论》一文。该文以列宁《论粮食税》的历史考察，寻找我们进行社会主义建设所需要的合理内核，思考我国社会主义建设的改革发展的起点和未来。文中提出，列宁针对俄国的社会主义建设与1921年写下的《论粮食税》，特别是提出了以国家资本主义作为社会主义建设的过渡阶段。为了说明采用粮食税的合理性，列宁还对俄国的经济成分和阶级状况进行了分析。列宁认为，小资产阶级的无政府状态会葬送苏维埃政权，国家资本主义有利于消除小资产阶级的无政府状态，消除小资产阶级对经济的破坏，消除松懈。

2006年娄先革在《学术论坛》2006年第2期上，发表《列宁探索社会主义道路思想轨迹的回顾和再思考》一文。文中提到，列宁在《论粮食税》这篇重要文章中，对实行“新经济政策”的必要性、重要性和可能性进行了充分的论证，并且论述了“战时共产主义”政策的真正限度，得出“它也不是一项适应无产阶级经济任务的政策”的结论。这从根本上改变了过去关于建设社会主义的思路。在这篇文章中娄先革还对“新经济政策”的主要内容进行了概括：第一，实行粮食税制度，允许自由周转剩余农产品；第二，实行国家调节商业和商品流通，允许通过市场进行商品买卖；第三，把国家资本主义经济作为由多种经济成分过渡到社会主义的桥梁。

列宁关于新经济政策的经典著作《论粮食税》一文，虽然早在新中国成立之前就已经开始被翻译并引入国内，但由于新中国成立前革命斗争的主线并不在经济建设上以及受新中国成立后初期以阶级斗争为纲的影响，其长期处于被人们忽略的地位。直到邓小平提出解放思想实事求是，实行改革开放以后，国内学界对《论粮食税》的研究才开始逐渐深入，涉及《论粮食税》的研究成果也开始逐渐丰富。中国的学者们开始从各个视角去分析，研究《论粮食税》文中所蕴含的关于社会主义国家建设的宝贵经验与实践。虽然各家具体观点不尽相同，但其还是形成了广泛的共识，例如：解放思想，对外开放，利用国家资本主义，利用资本主义建设社会主义等。而国内专家学者关于《论粮食税》的大量研究成果，对我国进一步解放思想，深化改革开放，大力实施市场经济，扫清思想和理论障碍起到了极大的促进作用。

第二节 《论粮食税》的理论贡献——对科学社会主义的丰富与发展

1921年的俄国，在历时4年之久的列强入侵和内战最终取得胜利后，整个国内危机四伏，国民经济濒临崩溃，工农联盟也开始不稳。面对这严峻的形势，列宁毅然决然地放弃了过去采用的战时共产主义政策，大刀阔斧地实施新经济政策，再一次开始了对社会主义建设问题的全新探索。《论粮食税》就在这个特殊时期创作完成，《论粮食税》标志着新经济政策的起点，是列宁论述新经济政策的经典著作，在这部著作里，列宁没有完全照搬马克思和恩格斯有关无产阶级革命胜利后向社会主义过渡的理论，而是以历史唯物主义和辩证唯物主义为武器，从剖析俄国的政治、经济、文化条件入手，论证了用粮食税代替余粮收集制的必要性和重大意义，果断提出了从战时共产主义政策过渡到国家资本主义的策略。以无产阶级革命家的理论勇气，第一次初步探索了在不发达国家夺取政权后，如何实现从资本主义向社会主义过渡的问题，提出大胆利用资本主义来建设社会主义，指明国家资本主义是从小生产过渡到社会主义的中间环节。进而在伟大的革命导师马克思和恩格斯关于社会主义过渡时期的理论基础上，创造性地发展了其关于社会主义过渡时期的理论，对科学社会主义理论做出了进一步的丰富和发展。

一、关于过渡时期的划分

马克思和恩格斯关于过渡时期的理论的相关论述，起于恩格斯1847年起草的《共产主义纲领草案》，此后，马克思、恩格斯曾多次论及过渡时期，其中又以《哥达纲领批判》和《反杜林论》为代表。他们的论述，其中以《哥达纲领批判》中的论述最为著名："在资本主义社会与共产主义社会之间，有一个从前者变为后者的革命转变时期。这个时期相适应的也是一个过渡时期，这个过渡时期的国家只能是无产阶级的革命专政。"从马克思的这些论述看，由于社会主义是建立在高度发达的生产力基础之上的，是对资本主义的扬弃，因此从资本主义到共产主义之间的过渡时期，主要是从政治上来说的，以无产阶级专政为特征。同时，在马克思看来，共产主义社会即包含了低级阶段社会主义和高级阶段共产主义这两个阶段，因此，这一过渡时期当然不可能是社会主义。

而列宁则在继承马克思、恩格斯的思想之后，在实践中又迈出了一步，进一步发展了过渡时期的论述，如列宁在《国家与革命》《马克思主义论国家》等著作中，把苏维埃社会的发展划分为三个阶段：1.“长久的阵痛”阶段，即从资本主义向社会主义过渡时期；“无产阶级的目的是建成社会主义，消灭社会的阶级划分，使社会全体成员成为劳动者，消灭一切人剥削人的制度的基础。这个目的不是一下子可以实现的，这需要一个相当长的从资本主义到社会主义的过渡时期，因为改组生产是一件困难的事情，因为根本改变生活的一切方面是需要时间的，因为按小资产阶级和资产阶级方式经营的巨大的习惯力量只有经过长期的坚忍的斗争才能克服。所以马克思说，无产阶级专政的整个时期是从资本主义到社会主义的过渡时期。”[①] 2.共产主义社会的第一阶段，“我们正处在过渡时期

①《列宁全集》第3卷，人民出版社1978年版，第857页。

中的过渡时期。整个无产阶级专政是一个过渡时期，可是目前摆在我们面前的可以说是一系列的新的过渡时期……”[①]3.共产主义社会的高级阶段。并且在《论粮食税》等文章中，进一步清楚了过渡时期的划分、特征、实质，必然性与长期性，以及过渡所要达到的目标，首先列宁明确了过渡时期的划分，并指出过渡时期的特征和政治上的实质。“在资本主义和共产主义中间隔着一个过渡时期，这在理论上是毫无疑义的。这个过渡时期不能不带有这两种社会经济结构的特点和特征。这个过渡时期不能不是衰亡着的资本主义与生长着的共产主义彼此斗争的时期。此处，“向社会主义过渡”“资本主义过渡到共产主义”，其中的社会主义与共产主义，列宁与马克思都认为其实是没有区别的相等的。

过渡时期，在经济上是指既含有资本主义的又含有社会主义的成分，这些成分包括：宗法式的，即在很大程度上是自然的农民经济；小商品生产；私人资本主义；国家资本主义；社会主义。这些经济成分并不安分，相互排斥，其在政治上的反映，就是“小资本主义加私人资本主义共同一致地既反对国

①《列宁全集》第4卷，人民出版社1984年版，第416页。

家资本主义，又反对社会主义。小资产阶级抗拒国家的任何干涉、计算与监督，不论它是国家资本主义的，或是国家社会主义的"[1]。之所以如此，则是因为："在一个小农国家里，占优势的，而且也不能不占优势的是小资产阶级的自发势力，因为大部分甚至极大部分的种地者都是小商品生产者。"

其次，列宁也充分认识到，过渡时期在俄国这样一个社会主义国家内的必然性和长期性。列宁认为，在俄国"整个历史时代的必然性"是具有这种过渡时期的特点，而且"从个体的、单独的小商品经济过渡到公共的大经济，这样的过渡必然是非常长久的"。在《论粮食税》中，列宁还认为："上面所引的1918年的言论（即指有关过渡时期的言论），在期限方面有许多错误。实际期限要比当时估计的要长久一些。"[2]

列宁有关过渡时期的划分，不仅继承马克思有关过渡时期的思想，而且根据苏俄国情，进一步解答了社会主义实践所带来的新问题，即在小农占优势的苏俄进行社会主义革命与建设。

---

①《列宁全集》第41卷，人民出版社1986年版，第197页。

②《列宁全集》第41卷，人民出版社1986年版，第206页。

二、关于过渡时期的策略

马克思和恩格斯在对过渡时期的理论论述时，虽曾谈到了无产阶级革命需要有一定的策略，但他们常常把战略与策略混着用，没有把他们区分开，在论述策略时也往往指的是战略。而列宁则不同，在革命与建设的各个发展阶段，分别提出了不同的策略原则，并因此取得重大的成就。

十月革命之前，列宁就认识到，党的政治策略与行动的内容如何，将关系到党内团结与革命成败，制定正确的策略决议，这对一个想根据马克思主义的坚定原则领导无产阶级而不是仅仅勉勉强强地跟在事变后而跑的政党来说，是有巨大意义的。在各阶段，列宁根据当时的斗争形势，提出了适合不同状况的不同策略，其最终有力地促进了苏维埃政权的建立。

在社会主义过渡时期，策略原则仍是列宁主义的重要内容，并且随着列宁对俄国国情的再认识，对社会主义实践的再认识也随之不断变化、发展，其最终表现就是列宁晚年提出的新经济政策。斯大林在1925年给新经济政策下的定义：

“新经济政策是无产阶级国家所采取的一种特殊政策，它预计到在经济命脉掌握在无产阶级国家手中的条件下容许资本主义存在，预计到资本主义成分同社会主义成分的斗争，预计到社会主义成分的作用日益增长而资本主义成分作用日益削弱，预计到社会主义成分战胜资本主义成分，预计到消灭阶级与建立社会主义的经济基础。”这也是列宁策略思想的体现。

十月革命胜利之后，如何进行社会主义建设，列宁认为可以运用“直接过渡”的策略来进行。直接过渡的典型形式是战时共产主义政策，其主要内容是：普遍实行企业国有化；实行余粮收集制；取消商品生产与货币流通，对食品与日用品等；实行配给制；宣布全国统一的军营，实行严格的军事体制。这种思想的产生与形成是有客观、主观上的原因的。

苏维埃政权自诞生以来，就受到帝国主义的武装干涉与国内白匪叛乱的威胁，如此一来，长期处于积贫积弱下的俄国就越加虚弱，为了赢得战争，维护苏维埃政权，列宁提出“一切为了前线，一切为了胜利”的口号，并被迫实行了一系列非经济的、带有某种军事性质的措施，这就是历史上著名的“战时共产主义”的政策。

除了客观需要外，在主观上，列宁也倾向于以“直接过渡”的方式使俄国迅速进入社会主义，由国家直接进行商品生产与分配以向社会主义直接过渡，认为“战时共产主义”作为直接过渡到社会主义甚至是共产主义的具体尝试是正常途径，并从理论上论证道：“这条道路是正确的，一定能使我们获得巨大的成就，保证我们进行大规模的经济建设。”这是一种“用冲击的方法，即用简捷、迅速、直接的办法实行社会主义生产与分配的尝试”。但是其在战后的继续推行，导致的后果，也是极其恶劣的，苏维埃政权曾一度危机四伏。

“间接过渡”的策略，是列宁对科学社会主义的进一步发展，它初步解决了如何在小农占优势的国家里进行社会主义建设。“间接过渡”的策略内容包括：政治上，必须坚持无产阶级专政；经济上，由过去的“战时共产主义”政策转向以“粮食税”为核心的“新经济政策”。

首先，在农业上，以粮食税代替余粮收集制，是新经济政策的开端和主要标志。这一政策的运用，表明了列宁“间接过渡”策略的实行。第一，这种代替在当时体现了一种必然性，列宁已经认识到“战时共产主义政策”虽有功劳，但也“知道这个功劳的真正限度”。第二，粮食税的实行，是“从极度贫困、经济破坏和战争迫使采取的特殊的战时共产主义，进而到正常的社会主义产品交换的一种过渡形式。”第三，粮食税的实行，直接目标是“立刻提高农民生产力的办法”。但最终目的，是以此做到“既改善工人生活状况，又巩固工农联盟，巩固无产阶级专政”。

其次，大力发展国家资本主义，也是新经济政策的一项重要内容。为了建立社会主义物质条件，必须发展国家资本主义，而且俄国所处的历史阶段，也可能使之发展起来。第一，客观的经济条件，要求一个小农占优势的国家“准备向共产主义过渡，需要经过国家资本主义和社会主义一系列过渡阶段”只有建立牢固的桥梁，通过国家资本主义才能走向社会主义，否则就不可能达到共产主义，这是现实生活和革命发展的客观进程告诉我们的。第二，国家资本主义在俄国当时是可能发展的，“在经济上是行得通的，因为在有自由贸易成分和一般资本主义的地方，都已经有了这种或那种形式，这种或那种程度的国家资本主义。”第三，在明确了实行国家资本主义的必要性、可能性之后，剩下的问题，是找出实行国家资本主义的正确方法和恰当形式。在当时，这些形式主要有四种：1.租让制，是国家资本主义的最普通的现象和实例。2.合作制，“合作制”资本主义是国家资本主义的一个变种。3.代购代销制。4.租赁制。列宁有关过渡阶段的论述是极其丰富的，不仅仅局限在《论粮食税》这篇著作中。但《论粮食税》中，列宁创造性地探索了在不发达国家夺取政权后，如何实现从资本主义向社会主义过渡的问题，提出了走间接过渡的路子，大胆利用资本主义来建设社会主义，指明国家资本主义是从小生产过渡到社会主义的中间环节。这种间接过渡的策略，对于科学社会主义理论是一个重要的发展和创新。

第三节 《论粮食税》对当代中国的启示

《论粮食税》是列宁关于新经济政策的经典著作，虽然是针对当时俄国的具体情况而进行的理论设计和实践要求，但提出的社会主义过渡时期的原则和方法，不仅当时为苏维埃俄国人民提供了建设社会主义的基本思路，而且是对马克思、恩格斯关于无产阶级革命胜利后向社会主义过渡的理论丰富和发展，特别是对于指导经济文化相对落后的国家结合国情发展社会主义具有重要的价值，对建设中国特色社会主义提供了众多有价值的思想。

一、走适合中国自身国情的社会主义道路，坚持实事求是，反对教条主义

1921年春，为了解决国内“战时共产主义政策”引发的一系列危机，列宁提出了以粮食税为核心的新经济政策。新经济政策实施后取得了明显的成效，使得1921年春天的危机得以迅速消失，其重新建立了工业与农业之间正常的经济联系，促进了生产力的发展，受到广大人民，特别是农民的欢迎，工农联盟进一步加深，苏维埃政权日益巩固。与此同时，列宁领导的布尔什维克党和苏维埃国家也成功地实现了从书本出发来谈论社会主义到从实际出发来谈论社会主义的

方法论的伟大转变。在此以前，列宁及其苏共领导人头脑中对于社会主义概念是完全照搬与马克思和恩格斯经典著作中的思想，而在此之后，新经济政策的形成、实施、完善则完全是依照马克思主义理论的原则从实践中不断摸索产生的。实践证明在俄国这样一个小生产者占主体，有着大量封建残余，经济文化相对落后的国家要想建设社会主义，必须采取“间接的”“迂回的”办法。相对于“战时共产主义”政策，它看似近乎是对过去的一种全盘否定，但其却是完全符合苏联国情的，是完全必要的，用列宁的话来讲，是为了一种进攻的“退却”。在《论粮食税》中列宁也并没有直接阐述“新经济政权”，而是不忘联系俄国当时的具体国情，他在文章的开头就首先剖析了“俄国现时的经济成分”，并以此为基础，指出投机活动的经济基础是在占俄国人数多数的小生产者，以及其代表的小资产阶级和私人资本主义，进而引出对付小资产阶级实现社会主义的方法：在俄国实施新经济政策，利用国家资本主义来消灭他们。

不论是社会主义的理论还是社会主义的实践都必须建立在现实的基础之上。因此，必须从每一个国家的具体国情出发，走适合本国发展的社会主义道路，在我国社会主义建设中，邓小平也反复强调，必须一切从中国的基本国情出发，坚定不移地走自己的路，这又和列宁的做法是不谋而合的。

二、向“资本主义”学习，利用资本主义来发展社会主义

学习和利用资本主义来发展社会主义，并不是向资本主义“妥协”，而是要利用资本主义来解放和发展生产力。真正的“妥协”是将无产阶级的政权让给资产阶级。列宁在《论粮食税》一文中对“分成两半的社会主义”进行了阐述，同时提出了不能把社会主义和资本主义抽象地对立起来，社会主义国家，尤其是在生产力落后的情况下进入社会主义的国家，可以也有必要利用资本主义来发展生产力继而实现发展社会主义。我国改革开放已经过去了三十个年头，社会主义建设也取得了举世瞩目的成就。但就是在这种情况下，总有一部分人想不通，他们认为中国被“资本主义化”了，或是在“补资本主义的课”。

其实，列宁推行在由“战时共产主义政策”向“新经济政

策”转变的时候，也面临过类似的误解和责难。为此，列宁在《论粮食税》一文中指出：“现在政权已经由一个政党，由无产阶级政党夺取到手，保持下来，巩固下来，甚至没有‘不可靠的同路人’参加。现在已不存在而且也根本不可能存在分掌政权和放弃无产者对资产阶级的专政问题，这时候再来说什么妥协，那就等于是鹦鹉学舌，只是简单重复一些背得烂熟但毫不了解其意义的词句。现在，当我们能够而且应该管理国家的时候，我们不吝惜金钱，竭力把那些受过资本主义训练的最文明的人吸引过来，利用他们来对付小私有者的瓦解作用。如果把这说成是‘妥协’，那就是根本不理解社会主义建设的经济任务。”生产力的发展是一个连续不断的过程，市场经济也仅仅是一种配置资源的方式，其本身并不存在姓“资”姓“社”的问题。如果利用资本主义生产方式能够在经济不发达的社会主义国家，实现生产力的飞速发展，那么我们完全可以利用其来发展社会主义，这从根本上是符合马克思有关生产力的理论。只有那些把政权拱手让给资本家的做法才是向资本主义妥协。“工人阶级一经学会了怎样保卫国家秩序来反对小私有者的无政府性，一经学会了怎样根据国家资本主义原则来整顿好全国性的大生产组织，那时就会掌握全副王牌，社会主义的巩固就有了保证。”所以建设中国特色社会主义道路必须坚持改革开放，坚持党的领导，人民当家作主，不断解放思想，学习和利用资本主义来发展社会主义。

三、重视解决“三农”问题，加快构建和谐社会

农业是国民经济的基础，关乎着亿万百姓的安康幸福，在国民经济的整体布局中起着十分重要的地位。在我国建国初期的工业化进程中，农业为其做出了巨大牺牲。发展工业所需的资本原始积累是通过工农产品之间不平等的“剪刀差”得来的，“三农”问题自新中国成立以来不断积蓄，已经成为我们当今不得不解决的重大问题。农业长期为工业牺牲的代价是巨大的，农业发展长期处于不利的地位、农村发展滞后、农民增收困难，城乡收入差距不断扩大，为我国改革发展做出重大贡献的农民却没有享受到改革发展的成果。分配的不公平严重影响了经济的发展和社会的稳定。面对今天的问题，我们应当积极改造传统农业，大力推进农业现代化，统筹城乡协调发展，

深化农村改革，千方百计增加农民收入，为建设社会主义新农村打下坚实的基石。

（一）保障农民利益是构建社会主义和谐社会的基础

同新经济时期的俄国一样，我国人民民主专政的政权基础也是工农联盟。城乡和谐发展，工农共同富裕，是巩固政权、建设社会主义和谐社会的题中之义。胡锦涛指出："实现社会和谐，建设美好社会，始终是人类孜孜以求的一个社会理想，也是包括中国共产党在内的马克思主义政党不懈追求的一个社会理想。"我们所要建设的社会主义和谐社会，应该是民主法治、公平正义、诚信友爱、充满活力、安定有序、人与自然和谐相处的社会。尽管社会主义和谐社会，包括诸多方面和环节，实现社会公平和正义，是构建社会主义和谐社会的重要环节，是社会主义的本质要求。

当前我国进入改革的攻坚时期，社会结构的不断调整，各种利益关系的相互交织，使得各种社会问题特别是社会公平问题日益凸现。妥善解决好目前的社会公平问题，对于维护社会的稳定，促进社会的和谐，减少社会的风险至关重要。目前，我国经济社会生活中出现的比较突出的社会公平问题，主要表现在正在不断拉大的城乡居民收入分配差距上。为改革发展做出过重大贡献的农民却没有享受到与其对应的改革发展成果，由此导致城乡、工农矛盾不断加重和利益冲突不断，影响社会稳定。我国农村居民是社会人口的重要组成部分，农民作为工农联盟的一员，是工人阶级的可靠盟友，也是我们政权的基础。在社会总收入增长和其他阶层收入增加的同时，如果农民的收入停滞，生活水平处于社会下层，这本身就与社会主义本质不相符，与构建社会主义和谐社会相违。只有农村稳定才会有社会的整体稳定，才能提供改革和发展所需要的稳定社会环境。因此，在改革的攻坚阶段，必须想方设法保障农民的利益，千方百计增加农民的收入，不断缩小城乡居民收入差距，大力促进城乡之间、工农业之间的协调发展，构建社会主义和谐社会。

（二）促进农村建设和农业发展是建设全面小康社会的基础

十月革命胜利后，苏维埃俄国一度想用战时共产主义的政策直接过渡到社会主义，结果遭到重大挫败，进而引起国内政治经济一系列危机。列宁在解决危机，推行新经济政策的过程中，从俄国的实际情况出发，始终把占俄国人口大多数的农民利益放在了第一位。新中国成立初期，我国出于国家安全等方面因素的考虑，制定了优先发展重工业的方针，长时期来看，农村、农业、农民为国家实现工业化做出了巨大贡献和牺牲。从国家制订第一个五年计划开始，国家政策及投资方向始终向工业特别是重工业倾斜。而农产品统购统销政策的实行，导致了工农产品之间的不等价交换，进而形成了价格上的“剪刀差”。工农产品之间长期的不等价交换，虽然为重工业的发展提供最重要的原始资本积累，但也使农业长期处于十分不利的发展地位。

90多年后处于改革开放新时期的我们，继续沿着列宁的脚步，把改革的第一步就放在了农民的身上，在农村实行统分结合的家庭联产承包责任制，改变过去“评记工分”的分配制度，废除过去的人民公社制度，突破计划经济体制的束缚，积极发展乡镇企业。从而初步适应了在农村发展社会主义市场经济的客观要求，极大地解放和发展了农村生产力，迎来了农村经济的起飞和社会发展的历史性巨变。在我国当今深化经济体制改革、全面建设小康社会的进程中，必须更加重视解决农村、农业和农民问题，把促进农村建设和农业发展作为建设全面小康社会的基础，以工业反哺农业，支持促进农业发展和农业现代化，加强农业投入比重，大力增加农民收入，不断缩小城乡居民收入。

总而言之，虽然列宁的《论粮食税》一文的发表距今已经90多年，但是其中所阐述的关于落后国家如何实现社会主义等一系列理论，在今天读来仍然使人受益匪浅。我们现在仍然并将长期处于社会主义初级阶段，距离实现真正的社会主义还有很长的一段路要走，这就要求我们今后继续沿着列宁的思路，不断探索新情况，解决新问题，更好地建设中国特色的社会主义。

参考文献

[1]列宁全集（第33卷）[M]. 北京：人民出版社，1985.

[2]列宁全集（第4卷）[M]. 北京：人民出版社，1984.

[3]列宁全集（第28卷）[M]. 北京：人民出版社，1990.

[4]列宁全集（第32卷）[M]. 北京：人民出版社，1986.

[5]列宁全集（第30卷）[M]. 北京：人民出版社，1987.

[6]列宁全集（第31卷）[M]. 北京：人民出版社，1986.

[7]列宁全集（第2卷）[M]. 北京：人民出版社，1984.

[8]列宁全集（第4卷）[M]. 北京：人民出版社，1982.

[9]列宁文稿（第3卷）[M]. 北京：人民出版社，1978.

[10]列宁全集（第41卷）[M]. 北京：人民出版社，1986.

[11]列宁全集（第1卷）[M]. 北京：人民出版社，1984.

[12]列宁全集（第6卷）[M]. 北京：人民出版社，1986.

[13]列宁全集（第42卷）[M]. 北京：人民出版社，1987.

[14]列宁全集（第22卷）[M]. 北京：人民出版社，1990.

[15]列宁全集（第35卷）[M]. 北京：人民出版社，1985.

[16]列宁全集（第34卷[M]）. 北京：人民出版社，1985.

[17]（美）鲍勃・康西丹. 超越生命—哈默博士传[M]. 生活・读书・新知三联书店，1983.

[18]列宁文稿（第9卷）[M]. 北京：人民出版社，1978.

[19]任云丽. 列宁新经济政策及其对中国的影响[J]. 生产力研究，2002（3）.

[20]马文奇，李洁明. 从马克思到邓小平:中国经济理论的演变[M]. 上海:上海文艺出版社，1998.

[21]杜立克. 喀琅施塔得叛乱及其教训[J]. 内蒙古大学学报，1981年增刊.

[22]陶林. 列宁的新经济政策及其时代价值新探—兼论其对邓小平的影响[J]. 哈尔滨学报，2008（4）.

[23]张传平. 列宁探索社会主义道路的历史轨迹与理论[J]. 南京大学学报（哲学. 人文科学. 社会科学版），2005（2）.

[24]中共中央马克思恩格斯列宁斯大林著作编译局译. 苏联共产党代表大会，代表会议和中央全会决议汇编（第2分

册）[M]. 北京：人民出版社，1964.

[25]赵曜. 马克思列宁主义基本问题简编本. 北京:中共中央党校出版社[M]，2002.

[26]刘霏. 中国理论界对列宁新经济政策相关著作研究综述[J]. 江汉论坛，2007（2）.

[27]周雅难. 列宁《论粮食税》与中国改革发展理论[J]. 昆明理工大学学报（社科版），2003（3）.

[28]彭腾. 改革与发展不能忽视农民利益[J]. 湖南经济管理干部学院学报，2006（3）.

[29]梁勤. 列宁关于过渡时期“中间环节”的理论与我国改革开放的实践[J]. 武警技术学院学报，1996年（1）.

[30]谢有实. 战时共产主义是一种功劳[J]. 世界历史，1921（1）.

[31]工晓云、高斌. 试论列宁对发展社会主义商品经济的探索[J]. 江汉大学学报，1998（1）.

[32]段彪瑞. 试论列宁对社会主义经济理论的探索[J]. 雁北师范学院学报，1999（2）.

[33]郭文荣. 历史地、辩证地对待国家资本主义[J]. 安阳师

范学院学报，2001（6）.

[34]娄先革. 列宁探索社会主义道路思想轨迹的回顾和再思考[J]. 学术论坛，2006（2）.

[35]俞良甲. 论列宁关于苏俄粮食政策的思想[J]. 东欧中亚研究，1995（1）.